Im Herzen der Schöpfung

Caecilia Bonn OSB

Im Herzen der Schöpfung

Meditationen zu Miniaturen aus den Werken von Hildegard von Bingen

Pattloch

Die Deutsche Bibliothek – CIP-Einheitsaufnahme

Bonn, Caecilia:
Im Herzen der Schöpfung : Meditationen zu Miniaturen aus den Werken von Hildegard von Bingen / Caecilia Bonn. – Augsburg : Pattloch, 1997
ISBN 3-629-00887-9

Gedruckt auf chlorfrei gebleichtem Papier.

Pattloch Verlag, Augsburg

Umschlaggestaltung: Atelier Höpfner-Thoma, München,
unter Verwendung der Bildtafel 14 (Der mystische Leib) des Rupertsberger „Scivias“-Kodex, ©Abtei St. Hildegard, Rüdesheim-Eibingen
Satz und Layout: Ruth Bost, Pattloch Verlag, Augsburg
Reproduktion: Fotolito Veneta, I–S. Martino
Druck und Bindung: Neue Stalling, Oldenburg
Printed in Germany

ISBN 3-629-00887-9

Inhalt

Die Miniaturen aus dem Rupertsberger „Scivias"-Kodex

Miniaturen aus dem Lucca-Kodex „De operatione Dei", Welt und Mensch

Die Miniaturen der Visionswerke Hildegards von Bingen

Zwei der drei großen Visionswerke Hildegards von Bingen (1098–1179), der Rupertsberger „Scivias"-Kodex und der sogenannte Lucca-Kodex des „Liber divinorum operum" sind mit 35 bzw. 10 Miniaturen illuminiert. In ihnen strahlt die ganze Heilsgeschichte Gottes mit den Menschen und seiner Welt auf.

Die Miniaturen wollen keine Bilderbibel, d.h. eine Wiedergabe von Texten der Heiligen Schrift sein. Der oder die Maler komponierten vielmehr in Form und Farbe, was Hildegard in ihrer prophetischen Sicht geschaut hat und interpretieren damit bereits die bildhaften Visionstexte. So sind die Miniaturen nicht nur künstlerische Darstellungen von hohem Rang, sondern von ihren Bildinhalten her Neuschöpfungen bzw. Eigenkompositionen der Illustratoren und stellen bereits eine erste Aneignung und Auseinandersetzung des Mittelalters mit Hildegards Schriften dar. Dabei ist es eine erstaunliche Tatsache, daß trotz der starken Traditionsgebundenheit der mittelalterlichen Kunst literarische Werke wie der „Scivias" Maler dazu inspirierten, eine von der Überlieferung abweichende Ikonographie zu schaffen.

Die Motive der Miniaturen sind so vielfältig wie die ihnen zugrundeliegenden Texte Hildegards: da werden das Entstehen des Menschen im Mutterschoß, seine Gefährdungen, Versuchungen und Prüfungen auf dem Lebensweg, aber auch die zentrale Stellung des Menschen im Kosmos und schließlich seine Vollendung gezeigt. Da erscheint der Mensch als das geliebte kleine und schmutzige Lehmgebilde mitten im Herzen Gottes, des Vaters. Der Betrachter sieht das Geheimnis des Dreifaltigen Gottes, sein „mütterliches" Kommen in der Menschwerdung seines Sohnes und die große Anstrengung seiner Güte, um den geliebten Menschen zu retten. Schließlich begegnet man dem Rad der Schöpfung und darin dem Entstehen und Vergehen der Welt und ihrer Neuwerdung.

Auffallend und faszinierend zugleich ist die häufige Darstellung der Frau, die in vielen Bildern eine zentrale Stellung einnimmt. Die Frau als das geliebte Gegenüber der Schöpfung zu ihrem Schöpfer, anschaubar in Eva und in der Jungfrau und Mutter Maria als Zeichen für das Verhältnis Jesu Christi zu seiner Kirche. Hildegard sieht alle Kräfte Gottes, die dem Menschen zum Heil verhelfen sollen, in schönen Frauengestalten. So auch die Frau Weisheit als Werkmeisterin der Welt, die durch die Liebe alles ordnet und zur Vollendung bringt. Die Frau (Kirche – Welt) wird aber auch zum symbolischen Ort des Endkampfes zwischen Gott und dem Bösen, der in ihrem Schoß in einer letzten Anstrengung seine „Herrschaft" gegen Gott errichten will.

Die 35 Miniaturen des „Scivias"-Kodexes sind wahrscheinlich bald nach der Niederschrift von Hildegards letztem Visionswerk (zwischen 1160 und 1180) entstanden; wer sie gemalt hat, läßt sich bis heute nicht mit Sicherheit feststellen. Man vermutet eine männliche Hand, vielleicht Mönche vom Disibodenberg oder aus dem befreundeten Kloster St. Eucharius in Trier. Den Miniaturen aus dem „Scivias" werden in diesem Buch noch drei Darstellungen aus dem Lucca-Kodex angefügt, da diese ergänzende, wichtige Aussagen enthalten. Diese Bilder, die aus dem 13. Jahrhundert stammen und Hildegard selbst deshalb unbekannt blieben, weisen allerdings nicht mehr die starke Formkraft auf wie die Miniaturen aus der Rupertsberger Schreibstube.

Die den Bildern beigegebenen Texte wollen dem Betrachter helfen, einen Zugang zu den Darstellungen zu finden, auch dann, wenn er die umfangreichen und zum Teil schwierigen Visionstexte nicht gelesen hat.

Sr. Caecilia Bonn OSB

Die Miniaturen aus dem Rupertsberger „Scivias"-Kodex

Hildegard wird als Verfasserin ihres Erstlingswerkes „*Scivias*“ sitzend in ihrer Klause dargestellt, die Wachstafel auf dem Schoß, den Griffel in der Hand:

„Es geschah im Jahre 1141 nach der Menschwerdung des Gottessohnes Jesus Christus, als ich 42 Jahre und 7 Monate alt war. Aus dem offenen Himmel fuhr blitzend ein feuriges Licht hernieder. Es durchdrang mein Gehirn und setzte mein Herz und die ganze Brust wie eine Flamme in Brand. Es verbrannte nicht, aber es war heiß, wie die Sonne einen Gegenstand erwärmt ... Und plötzlich erhielt ich Einsicht in die Schriftauslegung ...“

Wie ihre Werke zeigen, ging Hildegard aber nicht nur der Sinn der geistlichen Schriften und der Glaubenswahrheiten auf, sondern es entschlüsselte sich ihr der tiefe und sehr komplexe Zusammenhang alles Geschaffenen, aller kosmischen und geschichtlichen Wirklichkeiten.

Schon vom 5. Lebensjahr an empfing sie die „Gesichte“. Sie betont immer wieder, daß sie sie nicht im Schlaf oder in Geistesentrückung und nicht durch die leiblichen Augen und Ohren wahrnahm. Aber sie scheute sich, darüber zu sprechen aus Furcht vor der Reaktion der Menschen.

Durch viele, harte Prüfungen „*zwang*“ Gott sie, die Hand ans Schreiben zu legen.

Ecce quadragesimo tercio temporalis cursus mei anno, cum celesti visioni magno timore et tremula intentione inhererem, vidi maximum splendorem, in quo facta est vox de celo ad me dicens: O homo fragilis et cinis cineris et putredo putredinis, dic et scribe que vides et audis. Sed quia timida es ad loquendum et simplex ad exponendum et indocta ad scribendum ea, dic et scribe illa non secundum os hominis, nec secundum intellectum humane adinventionis, nec secundum voluntatem humane compositionis, sed secundum id quod ea in celestibus desuper in mirabilibus Dei vides et audis, ea sic edisserendo proferens, quemadmodum et auditor verba preceptoris sui percipiens, ea secundum tenorem locutionis illius, ipso volente, ostendente et precipiente propalat. Sic ergo et tu, o homo, dic ea que vides et audis, et scribe ea non secundum te, nec secundum alium hominem, sed secundum voluntatem scientis, videntis et disponentis omnia in secretis misteriorum suorum. Et iterum audivi vocem de celo michi dicentem: Dic ergo mirabilia hec, et scribe ea hoc modo edocta et dic.

Factum est in millesimo centesimo quadragesimo primo filii Dei Ihesu Christi incarnationis anno, cum quadraginta duorum annorum septemque mensium essem, maxime coruscationis igneum lumen aperto celo veniens totum cerebrum meum transfudit et totum cor totumque pectus meum velut flamma non tamen ardens sed calens ita inflammavit, ut sol rem aliquam calefacit super quam radios suos ponit. Et repente intellectum expositionis librorum, videlicet psalterii, evangelii et aliorum catholicorum tam veteris quam novi testamenti voluminum sapiebam, non autem interpretationem verborum textus eorum nec divisionem

Tafel I, Vorrede –
Die Seherin

„Gebrechlicher Mensch, Staub vom Staub der Erde, Asche von Asche: rufe und sage, wie man in die Erlösung eingeht, damit die unterrichtet werden, die zwar den innersten Gehalt der Schriften kennen, ihn dennoch nicht aussprechen und verkünden wollen.

Erhebe dich also, rufe und sprich, was dir durch die so starke Kraft göttlicher Hilfe kund wird" (Vorrede).

Hildegard suchte, wo sie einen zuverlässigen, im geistlichen Leben erfahrenen Helfer finden könnte. Dieser wurde ihr im Mönch und Magister Vollmar vom Disibodenberg geschenkt.

Über viele Jahre war er ihr Schreiber, Lehrer, Freund und *„Mitwisser der göttlichen Geheimnisse"* und half ihr bei der Abfassung des Geschauten und Gehörten.

Die Miniatur zeigt ihn mit einem Kodex unter dem Arm in einer ehrfürchtigen und lauschenden Haltung, die zugleich Nähe und Distanz zum Ausdruck bringt.

Das Bild vermittelt beeindruckend den Kontrast zwischen der betonten Enge und Abgeschlossenheit der Klause und dem gewaltigen Einbruch des jenseitigen Lichtes, das für Hildegard die ganze Schöpfung ausleuchtet und ihr die prophetische Kraft gibt, die Menschen zur Umkehr zu bewegen.

Von meiner Kindheit an bis heute habe ich
diese Schau in meiner Seele, da ich doch mehr
als siebzig Jahre alt bin.
Mein Geist steigt, je nachdem wie Gott es will
in dieser Schau bis zur Höhe des Firmamentes empor...
Was immer ich in dieser Schau sah oder lernte,
behalte ich lange im Gedächtnis.
Ich sehe und höre und weiß es gleichzeitig,
und ich lerne gleichsam in einem Augenblick das,
was ich nicht weiß.
Was ich aber nicht sehe, das weiß ich nicht,
weil ich ungelehrt bin.
Die Worte dieser Vision klingen nicht so
wie Worte aus menschlichem Mund,
sondern sind wie eine blitzende Flamme
und wie eine Wolke,
die in klarer Luft dahinzieht.

Der Beherrscher des Erdkreises thront in einer nicht zu beschreibenden Herrlichkeit auf einem hohen Bergmassiv: dem Reich Gottes. Seine ausgebreiteten Flügel symbolisieren den *„bergenden, zarten"* Schutz, den er auch noch in Ermahnung und Züchtigung in ausgewogener und angemessener Weise seinen Geschöpfen erweist.

Wie durch kleine Fenster werden Menschen sichtbar mit weißen und fahlen Gesichtern, je nach ihrer positiven oder negativen Gesinnung, denn vor Gott bleibt keine Absicht des Herzens verborgen.

Ein sprühender Lichtfunkenregen breitet sich vom Allherrscher aus und umgibt helfend, heilend und schützend die beiden Gestalten am Fuße des Berges. Während der Leuchtende auf dem Hintergrund der Ewigkeit thront, stehen die beiden Figuren vor dem blauen, sternenbesäten Kosmos, Symbol der irdischen Wirklichkeit.

Sie stellen exemplarisch den Menschen dar, wie Gott ihn sich als Geschöpf gedacht hat. Vielleicht sieht sich Hildegard auch selbst in diesem Bild.

Die *„Furcht des Herrn"* (linke Gestalt) ist gänzlich mit Augen bedeckt, denn sie ist ganz Auge für Gott und schüttelt jederzeit die Gottvergessenheit ab, die den

aliam pfunditatem expositionis librorum
ut p̄dixi sentiens. uiribusq; receptis de
egritudine me erigens. uix opus istud
decem annis consummans ad finem
pduxi. In diebus autem Heinrici
mogontini archiepi. 7 Conradi roma
norum regis 7 Cunonis abbatis in
monte beati Dysibodi pontificis.
sub papa Eugenio he uisiones 7 uerba
facta sunt. Et dixi 7 scpsi hec n̄ secundū
adinuentionē cordis mei aut ullius ho
minis. sed ut ea in celestib' uidi. audiui
7 pcepi p secreta misteria di. Et iterum
audiui uocem de celo michi dicentem.
Clama ergo 7 scribe sic.
Incipiunt capitula libri Scivias
simplicis hominis.
Capitula prime uisionis prime partis.
I. De fortitudine 7 stabilitate eternitatis regni dei.
II. De timore domini.
III. De his qui pauperes spu sunt.
IIII. Quod uirtutes a deo uenientes timentes dm 7 pauperes spu custodiunt.
V. Quod agnitioni di abscondi n possunt studia actuum hominum.
VI. Salemon de eadem re.

Tafel 2, Schau I,1
Der Leuchtende

Menschen blind macht. *„Mache dein Auge rein, und du wirst überallhin Augen haben"* schreibt Hildegard an einen Adressaten in einem ihrer Briefe. Das heißt: Wenn der Mensch in allem nur Gott im Blick hat, dann wird er auch Um-sicht und Rück-sicht im Hin-blick auf alles Geschaffene besitzen. Er wird fähig zur Offenheit für die ihn umgebende Wirklichkeit.

Die *„Armut im Geiste"* (rechte Gestalt) symbolisiert den Menschen, der nicht auf die eigene Kraft baut, sondern sich gänzlich dem Beistand Gottes anvertraut.

„Weil ich keinerlei menschliche Sicherheit in mir zurückbehalte, habe ich alle meine Hoffnung und mein ganzes Vertrauen einzig auf die Hilfe Gottes gesetzt", schreibt Hildegard an Abt Philipp.

Die Armut im Geiste steht deshalb in der Haltung der Hin- und Übergabe an Gott.

Die Herrlichkeit, das Licht und die Kraft Gottes überfluten sie so mit einem Strahl, daß Hildegard das Antlitz der Gestalt nicht erkennen konnte.

Man ist versucht, vom „vergöttlichten Menschen" zu sprechen.

Schwach und arm macht sich der Mensch,
der nicht Gerechtigkeit übt und weder die Bosheit
vernichten, noch Schuld nachlassen wollte ...
In seinem Müßiggang fehlt es ihm an den
wunderbaren Werken der Seligkeit ...
Wer aber die kraftvollen und heilbringenden
Werke tut und den Weg der Wahrheit läuft,
erreicht den sprudelnden Quell der Herrlichkeit,
aus dem er die kostbarsten irdischen
und himmlischen Schätze gewinnt.

An der Miniatur fällt zuerst der quer zum Bild hin stürzende Mensch ins Auge. Es ist Adam, der sein Ohr der Finsternis öffnet. Von *„dem schönen Mann“* (Adam) geht Eva in der Schau Hildegards *„wie eine strahlend weiße Wolke“* hervor. Sie trägt das ganze Menschengeschlecht gleich unzähligen Sternen in ihrem Schoß. Das Bild symbolisiert diese Fruchtbarkeit durch die grüne Farbe eines blattartigen Gebildes.

„Umarmung der Schöpfung und Spiegel aller Kreatur“ nennt Hildegard die Frau.

Was ist geschehen? Wie kam es zum Sturz der ersten Menschen?

Zu Beginn der Schöpfung leuchteten die Engel wie Sterne in ewiger Harmonie vor ihrem Schöpfer, von dem sie alle Schönheit und Kraft empfingen.

Luzifer, der schönste der Lichtwesen, sah, daß seine Herrlichkeit keinen Mangel hatte. So verfiel er dem Stolz.

Er glaubte, er werde auch ohne Gott alles fertigbringen, was er wollte, und sich einen Thronsitz über dem Allerhöchsten errichten können.

In seiner Selbstüberhebung, die zugleich eine Selbstverkrümmung war, fiel er lichtlos, finster ins Chaos, das sich gleich einem dunklen See von schrecklichem Gestank und furchterregendem Feuer erstreckte.

xxi Quod uir non nisi in forti etate.
non nisi nubilem uxorem ducat.
xxii De uitanda illicita et libidinosa
pollutione.
xxiii Quare mulier post partum uel
a uiro corrupta in occulto maneat
et ab ingressu templi abstineat.
Qui in coitu pregnantis se pollu-
unt. homicide sunt.
xxiiii Osee de eadem re.
xxv De commendatione castitatis.
xxvi Iohannes de eadem re.
xxvii Quod expulso adam deus paradysum
muniuit.
xxviii Quod quia homo deo rebellis exsti-
tit. creatura ei prius subiecta se
illi opposuit.
xxix De amenitate paradysi que su-
cum et uim terre tribuit ut
anima corpori.
xxx Quare deus hominem talem fecit
quod peccare potuit.
xxxi Quod homo non debet summa per
scrutari cum nec infima ualeat
examinare.
xxxii Quod homo nunc clarior fulget
quam prius in celo.
xxxiii Similitudo horti. ouis et marga-
rite ad hominem.
xxxiiii De commendatione humilitatis
et caritatis. que clariores ceteris
uirtutibus existunt.

Tafel 3, Schau I,2
Das Versagen des Menschen (Der Sündenfall)

Das tödliche Dunkel breitete sich weiter wie durch Adern im bisher lichtdurchströmten Land aus (Paradies = goldener Hintergrund).

Von einer dieser schwarzen Adern sprühte der Verführer wie ein Schlangenkopf sein Gift gegen die geliebt Kreatur Gottes: Eva, die Frau. Sie war für ihn der wichtig ste strategische Punkt, denn nach seinem Fall konnte er nur noch mit und durch den Menschen gegen Gott rebel lieren. Im Schoß der Frau wollte er seine Herrschaft errichten.

„Meine Macht ruht auf der menschlichen Empfängnis – so wird der Mensch mein."

Die Frau ließ sich dazu verführen, ohne Gott wie Got sein zu wollen. Sie verführte ihren Mann, darum fielen beide alsbald aus ihrer aufrechten Haltung und stürzten würdelos quer hin zu allem Geschaffenen.

Das erste Menschenpaar geriet in die Isolation, es verlor seine Verbundenheit mit seinem Schöpfer und de Schöpfung.

Adam und Eva wurden aus dem schönen Land des Paradieses, des Gartens der Wonne Gottes und des Menschen (im Bild unten durch Blumen, Bäume und Kräuter dargestellt) vertrieben. Ein Lichtglanz lagerte sich um das Land.

Alle Elemente (an den vier Ecken der Miniatur dargestellt), die in tiefer Ruhe verharrten und ihren Dienst am Menschen verrichteten, gerieten nun in Aufruhr und zeigten ihre erschreckende Macht. Sie brachen aus ihrer Ordnung heraus und setzten dem Menschen durch viele Unbilden zu. Die gute Schöpfung Gottes hatte durch den Menschen einen gefährlichen Bruch erlitten.

Weil der Mensch in seinem Ungehorsam
sich über die Liebe zu Gott hinwegsetzt,
überschreiten auch die Elemente und
die Gezeiten ihr Maß.
Denn die Elemente der Welt sind im Menschen,
und der Mensch wirkt mit ihnen.
Mit schlechten Werken setzt er sich über
die Gerechtigkeit hinweg und beschwert
und verdunkelt Sonne und Mond.

Alte Kulturen kennen für das Weltall schon das Bild-Symbol des Eies wegen seiner verschiedenen Schichten und Häute.

Hildegard bevorzugte in ihrem späteren Kosmoswerk *„Welt und Mensch"* die Bilder des Rades und der Kugel, die durch ihre Beweglichkeit und ihr Kreisen der Wirklichkeit der Schöpfung näherkommen.

Die Miniatur in *„Scivias"* ist nicht leicht zu erklären, denn sie weist nach der Schau Hildegards drei Dimensionen auf: die kosmische (Raum), die geschichtliche (Zeit) und, damit verbunden, die heilsgeschichtliche, geistliche Wirklichkeit.

Das Bild kann im Grunde nicht wiedergeben, was es aussagen möchte.

Grün-blau erscheint die Erde in der Mitte der Schöpfung. Sie ist das *„Zelt"* und die *„Wohnung"* des Menschen und wird von den sie umgebenden Kräften des Weltraumes gehalten.

Der Mensch könnte ohne die Verbundenheit mit der Erde und dem Kosmos nicht existieren, vereinigt er doch in sich selbst alles, was geschaffen ist.

„Die Elemente sind im Menschen, und der Mensch wirkt mit ihnen. Feuer, Luft, Wasser und Erde sind untereinander so eng verknüpft, daß keines vom anderen getrennt werden

Tafel 4, Schau I,3
Die Schöpfung

kann, sie halten sich gegenseitig fest. Ja, die Welt würde zugrunde gehen, wenn ein Element vom anderen getrennt existieren könnte, sie sind unauflöslich miteinander verkettet".

In einer späteren Vision sieht Hildegard den Menschen ausdrücklich in der Mitte des Weltenrades. Seinetwegen ist alles geschaffen und weist auf ihn hin.

Das Weltall ist von Sternen erleuchtet, von Planeten bestrahlt und von Winden durchhaucht und durchblasen.

Es wird von einer breiten Feuerzone umgeben, unterhalb derer eine finstere Region sichtbar wird.

Das Feuer symbolisiert die alles umsorgende und umarmende mütterliche Liebe Gottes, die in späteren Visionen ausdrücklich als Umarmung des kosmischen Christus geschaut wird.

Er trägt die Weltkugel gleichsam an seiner Brust. Die finstere Zone weist auf das Versagen des Menschen hin, seine Auflehnung gegen die Liebe Gottes, die auch die Elemente berührt und in Verstörung bringt.

„Denn das Böse in den Werken der Menschen setzt die Elemente in Bewegung, wie wenn ein Mensch ein Netz in seiner Hand hält und dies bewegt. Die Luft nimmt auf, was der Mensch in Wort und Tat bewirkt, sie teilt es

den Sternen mit, und diese offenbaren die Taten des Menschen".

Doch alles irdische Unheil ist noch vom Heilsplan Gottes umfangen und aufgefangen.

Dieser Plan wird sichtbar in den Propheten (3 Sterne) und vor allem durch Christus (die Sonne), der in seiner Menschwerdung und durch seine Kirche der Schöpfung Heil anbietet.

Das Bild von der Schöpfung soll darum auf den Schöpfer und Erlöser verweisen, wie alles Sichtbare eine Botschaft des Unsichtbaren ist.

Die Schau von der wunderbaren Komposition der Welt muß für Hildegard so überwältigend gewesen sein, daß sie hier einen Exkurs über Magie anfügt. Denn in der schlechten Magie ist der Mensch so von der Aussagekraft der Schöpfung fasziniert, daß *„er nur noch auf die Natur starrt und damit den Anblick seiner Seele, die Spiegel Gottes ist, auslöscht."*

„Er vergißt seinen Schöpfer und befragt die Geschöpfe, sucht bei ihnen Heil. – Er spricht mit ihnen wie mit einem Gott."

„Deshalb will Ich nicht, daß du in deinem Aberglauben Wahrsagerei betätigst, sondern daß du zu mir, deinem Schöpfer, aufschaust."

Die 4. Schau des 1. Buches *„Scivias"* gehört zu den eindrucksvollsten und äußerst persönlich gehaltenen Texten des Werkes. Fast ist man versucht, von der „Geschichte einer Seele" zu sprechen. Die Miniaturen können das nur sehr unzulänglich zum Ausdruck bringen.

Eine große Frauengestalt (unten im Bild) empfängt ein Kind in ihrem Schoß. Sein Leben entspringt der Schöpferkraft – und Liebe – Gottes, die (oben) als goldenes Quadrat mit vielen Augen dargestellt ist.

Die Augen sind Symbol der Allgegenwart Gottes, die vier Ecken weisen auf die vier Himmelsrichtungen hin.

Das Aufleuchten eines Morgenrotes in der Mitte der Gottheit deutet auf die Menschwerdung und Erlösung hin, an der der neue Mensch Anteil haben soll.

Mann und Frau sind Mitwirker Gottes im Zeugungsakt eines Menschen, den sich Hildegard wie eine Art Gerinnungsprozeß vorstellt. Darum bringen auf dem Bild Männer und Frauen Gefäße mit Milch und bereiten daraus Käse.

Von Gott empfängt das werdende Leben die Seele gleich einer Feuerkugel.

Der nun beginnende Lebensweg des Menschen wird rechts im Bild als eine dramatische Folge von Versuchungen, Prüfungen, Kämpfen und Siegen dargestellt.

Tafel 5, Schau I,4
Die Seele und ihr Zelt

„Mein Gewand wurde mir zerrissen“, so klagt der Mensch, *„ich wurde an einen fremden Ort entführt, der aller Schönheit und Würde entbehrt.“*

Knechtschaft, Kelterpresse, Schläge warten auf den Menschen. Wie ein Wild wird er gejagt und auf enge Pfade getrieben. Giftiges Gewürm greift ihn an und verwundet ihn.

Aus eigener Kraft kann er sich nicht befreien. Die entscheidende positive Wende tritt ein, wenn er sich seines Ursprungs in Gott erinnert, seines Retters, und sich weinend, bittend, schreiend an ihn wendet und nach ihm wie nach einer Mutter ruft.

„Mutter Sion, wo bist du? Weh, daß ich von dir gewichen bin.“

Von Gott werden dem Menschen nun Kräfte (Flügel) geschenkt, mit denen er über alle Hindernisse hinweg an ein Zelt aus starkem Stahl gelangt und dort für seine Feinde unangreifbar wird. Er kann ihrer spotten, denn er hat den Kampf gegen das Böse in sich bestanden. Das Gute, das er nun in der Kraft Gottes wirkt, wird für ihn zu einer unangreifbaren Wohnung: in der Gemeinschaft mit Gott.

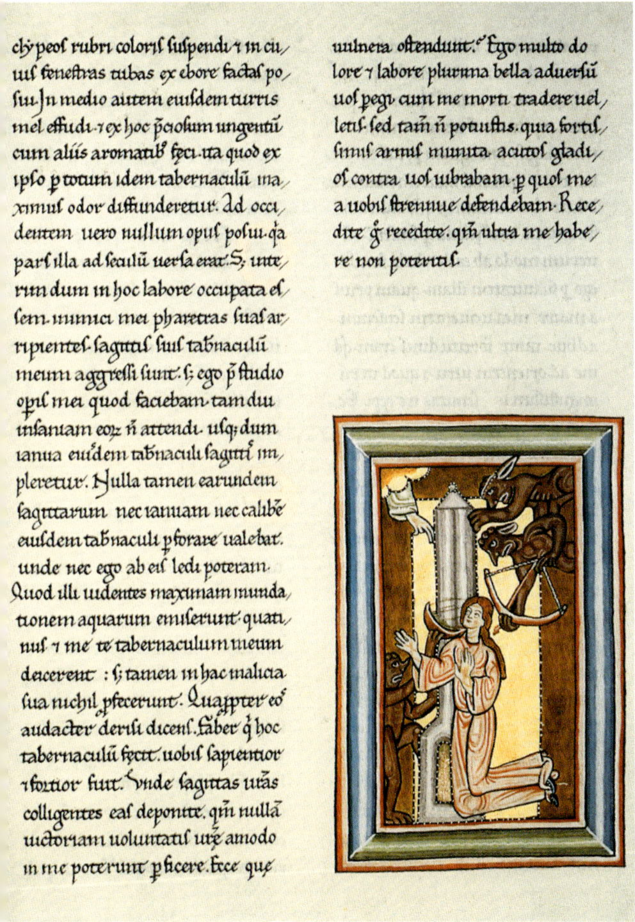
clypeos rubri coloris suspendi et in cu-
ius fenestras tubas ex ebore factas po-
sui. In medio autem eiusdem turris
mel effudi et ex hoc preciosum unguentum
cum aliis aromatibus feci, ita quod ex
ipso per totum idem tabernaculum ma-
ximus odor diffunderetur. Ad occi-
dentem uero nullum opus posui, quia
pars illa ad seculum uersa erat. Sed inte-
rim dum in hoc labore occupata es-
sem, inimici mei pharetras suas ar-
ripientes sagittis suis tabernaculum
meum aggressi sunt. Sed ego pre studio
operis mei quod faciebam tamdiu
insaniam eorum non attendi, usque dum
ianua eiusdem tabernaculi sagittis im-
pleretur. Nulla tamen earundem
sagittarum nec ianuam nec calibem
eiusdem tabernaculi perforare ualebat,
unde nec ego ab eis ledi poteram.
Quod illi uidentes maximam innunda-
tionem aquarum emiserunt, quati-
nus et me et tabernaculum meum
deicerent; sed tamen in hac malicia
sua nichil perfecerunt. Quapropter eos
audacter derisi dicens: Faber qui hoc
tabernaculum fecit, uobis sapientior
et fortior fuit. Unde sagittas uestras
colligentes eas deponite, quia nullam
uictoriam uoluntatis uestre amodo
in me poterunt perficere. Ecce que
uulnera ostendunt. Ego multo do-
lore et labore plurima bella aduersum
uos pegi, cum me morti tradere uel-
letis, sed tamen non potuistis, quia fortis-
simis armis munita acutos gladi-
os contra uos uibrabam, per quos me
a uobis strenue defendebam. Rece-
dite igitur, recedite, quia ultra me habe-
re non poteritis.

Tafel 6, Schau I,4
Treue in der Versuchung

Ein schlichtes, fast statisches Bild faßt das Thema des Lebensdramas noch einmal zusammen. Der Mensch wendet sich in der Versuchung, je und je betend und bittend, an seinen Retter, der ihm zur starken Säule gegen seine Feinde wird.

Tafel 7 schildert den Auszug der Seele aus ihrem Leib beim Tod des Menschen. Es erscheinen helle und finstere Gestalten: Engel und Dämonen, die um die Seele ringen und sie gemäß ihren vergangenen Werken an den ihr zukommenden Ort führen wollen.

So wird denn im oberen Teil der Miniatur das himmlische Jerusalem, die neue Schöpfung sichtbar, unterhalb der finstere Ort der Verlorenheit.

Tafel 7, Schau I,4
Auszug der Seele aus ihrem Zelt

Eine eindrucksvolle, in dunklen Farben gehaltene Frauengestalt, – die Braut des Alten Bundes, Mutter der Menschwerdung des Sohnes Gottes.

Nach dem Versagen der ersten Frau (Eva), in der Gott das Symbol seiner geliebten Schöpfung sah, wird die *„Tochter Israel“* (Synagoge) mit einem bräutlichen Goldreif als Zeichen ihrer Auserwählung gekrönt; durfte sie doch die Gebote des Bundes empfangen. Ihr Reif ist leuchtend wie das Morgenrot, das auf einen neuen Tag hinweist.

Die Synagoge ist zwar des vollen Augenlichtes beraubt, doch wird in ihrem Schoß eine überwältigende Fruchtbarkeit sichtbar. In ihrem Herzen trägt sie Abraham (mit dem Opfermesser), an ihrer Brust Moses (mit den Gesetzestafeln) und im Schoß die Propheten.

Alle schauen voll Bewunderung auf die Schönheit der kommenden Frau, der *„neuen Braut“*, der Kirche (Maria).

Die Füße der Synagoge sind noch vom Blut des Mordes an ihren Propheten befleckt, doch umschwebt sie schon eine weiße Wolke: der kommende Glaube in den Seelen der Menschen.

Sie steht mit verschränkten Armen da – wie tatenlos,

i. De sẏnagoga matre incar-
nationiſ domini. filii dei.
ii. Verba salemonis.
iii. Verba ẏsaie pphete.
iiii. De diverſo colore ſẏnagoge.
v. De cecitate eiuſ et quod in
corde abraham. in pectore
moẏses. in uentre eiuſ reli-
qui pphete. qd significet.
vi. Quod magna ut turris. ha-
benſ circulum in capite si-
milem auroræ.
vii. Verba ezechielis. Item
viii. Comparatio de ſamſone et de
ſaul et de dauid ad eande.

Tafel 8, Schau I,5
Die Synagoge

weil sie noch der vollen Kraft entbehrt, die erst in der Menschwerdung des Sohnes Gottes ganz zur Entfaltung kommt.

Hildegard sieht die Synagoge neben dem Altar stehen, doch berührt sie ihn nicht (anders als in der späteren Schau die Kirche), da sie des eigentlichen und vollen Opfers Jesu Christi noch nicht teilhaftig ist.

Wegbereiterin ist sie – trotz ihres Versagens. Das Morgenrot ihres Stirnreifes, die Verkündigung ihrer Patriarchen und Propheten, alles weist auf die kommende „*Frau*", die den Sohn Gottes als den Neuen Bund in ihrem Leib trägt.

Ich, der Sohn des Allerhöchsten,
breitete nach dem Willen meines Vaters
meine Menschwerdung über dich, Synagoge, aus.
Das geschah um deines Heiles willen
zur Tilgung deiner Sünden.
Und ich sicherte dir das Heilmittel der Erlösung zu,
indem ich dir die Wege meines Bundes
zu deinem Heil kundtat.
Denn ich nahm die Härte des äußeren Gesetzes
von dir und gab dir die Süßigkeit der
geistlichen Lehre zu kosten,
und alle meine Geheimnisse tat ich dir selbst
in den geistlichen Unterweisungen kund.

Neun Chöre der Engel schwingen sich im vollendeten Kreisrund um die „leere" Mitte, den unsichtbaren Gott, der im unzugänglichen Licht wohnt oder (nach Buch der Könige I, 8,12) „im Dunkel wohnen will".

Feurige Wesen sind die Engel in der Einheit ihres Wollens; in ihrer einzigartigen Verbundenheit ein einziges Leben!

„Ihre Herrlichkeit ist unaussprechlich, ihre Zahl ohne Zahl. Niemand kann sie erfassen, da nur Gott um sie weiß. Alles, was Gott will, das wollen auch sie. Wenn auch die einzelnen ihr je eigenes Antlitz (jeder Engel ist eine Welt für sich) und ihre spezifische Aufgabe haben, so sind sie doch durch die Einheit ihrer Gesinnung ein einziges Leben."

Je nach ihrer Aufgabe sind sie durch Symbole gekennzeichnet: Augen, Flügel, Spiegel und auch menschliche Züge.

Sie spiegeln die irdische Wirklichkeit (Schöpfung und Geschichte) in den Himmel und Gottes Mysterien auf die Erde.

Strahlendes Licht sind sie, das zugleich Kraft für den Menschen ist.

Mit Spannung schaut der erste Engelkreis der „Kräfte" (mit menschlichem Antlitz) auf die inneren Regun-

Tafel 9, Schau I,6
Die Engel

gen und Kämpfe eines jeden Menschen. Diese Engel regen ihn an, das Gute zu tun und verwandeln dann seine Taten in Lobpreis.

„Wir haben aus euren Werken Weinlese in der Kelter gehalten – wir halten euch in unserer Gemeinschaft."

Der Mensch ist in seiner Struktur nicht zu verstehen ohne seine existentielle Verbundenheit mit den Engeln.

„Die beiden Ordnungen Gottes sind die Engel und die Menschen, das Lob der Engel und das Wirken der Menschen.

Darum hat Gott den Menschen mit Scharen von Engeln umgeben, die voll Staunen nicht begreifen können, wie Gott den Menschen erschaffen hat."

Die Engel sind nicht nur Licht, Kraft, Auge und Spiegel, sie sind vor allem auch Klang. Sie lassen die Wundertaten Gottes an den Menschen zu Klang werden.

Alles, was sie spiegeln, fügen sie auch zu einer Harmonie.

Die Miniatur selbst scheint ein beschwingtes, leuchtendes und klingendes Symbol der Vollendung zu sein.

Die Engel steigen anbetend auf von Lobpreis
zu Lobpreis, von Herrlichkeit zu
größerer Herrlichkeit.
Und so sind sie immer jung, da sie dabei
nie an ein Ende zu kommen vermögen.
Sind sie doch Geist und Leben aus Gott.
Daher können sie niemals im göttlichen Lobpreis
ermatten.
Immerfort schauen sie die feurige
Herrlichkeit Gottes und erglühen darin
wie eine Flamme ...

Fürsten der Ehre! Lebendiges Licht!
O heilige Engel. Tiefgeneigt vor der Gottheit
schaut ihr im Geheimnisdunkel der Welt
die göttlichen Augen!

Der Künstler, der diese Miniatur schuf, hat fünf gewaltige Themen der Heilsgeschichte auf eine anschauliche Weise in ein einziges Bild gebannt: Schöpfung, Sündenfall, Menschwerdung, Erlösung und Verherrlichung.

Aus dem hell leuchtenden Feuer des göttlichen Kreisrund (oben) sah Hildegard das Schöpferwort Gottes gleich einer weißglühenden Flamme sechsmal auf eine gewaltig große, dunkle Luftkugel hin züngeln und jedesmal einen Funken hervorbringen, bis die Luftkugel vollendet war:

Das Sechstagewerk der Schöpfung:

1. Trennung von Licht und Finsternis,
2. Scheidung des Wassers über und unter dem Firmament,
3. die Erde mit ihren Pflanzen,
4. Sonne, Mond und Sterne,
5. die Tiere der Luft und des Wassers,
6. die vierfüßigen Tiere.

Dann richtete sich die Flamme auf einen Lehmklumpen am Grund der Luftkugel und erwärmte ihn. Sie hauchte ihn an – und es erhob sich ein lebendiger Mensch.

Tafel 10, Schau II,1
Schöpfung und Erlösung

Gott bot dem Menschen seine Liebe an gleich einer schönen, weißen Blüte (rechts oben im Bild).

„Sie hing – wie ein Tautropfen am Grashalm – an der göttlichen Flamme."

Der Mensch verspürte ihren Duft, doch berührte er sie nicht mit seinen Händen, d.h. er nahm das Angebot Gottes nicht im Gehorsam an und setzte es nicht ins Werk. So fiel er in dichte Finsternis, aus der er sich aus eigener Kraft nicht mehr erheben konnte.

Die Finsternis wuchs, doch Gott erleuchtete sie durch die Patriarchen und Propheten, wie durch Sterne, bis sich schließlich (am unteren Rand der Luftkugel) durch das göttliche Feuer ein starker Liebeswille wie ein Morgenrot entzündete (Maria).

Aus Maria erstand der Erlöser wie eine lichte Gestalt. Er breitete seinen Glanz über die Finsternis aus, wurde aber von ihr zurückgestoßen, so daß er blutrot erschien und dann erbleichte. Aber dadurch führte er einen gewaltigen Schlag gegen das Dunkel, denn durch die Berührung mit seinem Blut erlöste er den gefallenen Menschen, so daß er wieder aufrecht stehen konnte.

Abschließend sieht Hildegard „den Sohn der Morgenröte" (Christus) in seine Auferstehungsherrlichkeit emporsteigen.

Der Schöpfer hat sein Geschöpf dadurch geschmückt,
daß er ihm seine große Liebe schenkte.
So ist alles Gehorchen der Kreatur nur ein Verlangen
nach dem Kuß des Schöpfers.
Und alle Kreatur empfängt den Kuß ihres Schöpfers,
da Gott ihr alles schenkt, was sie braucht.

Ich nun, ich vergleiche die große Liebe
des Schöpfers zu seinem Geschöpf und
des Geschöpfs zum Schöpfer mit jener Liebe
und Treue, mit der Gott den Mann und die Frau
in einem Bund vereinte,
auf daß sie schöpferisch fruchtbar werden.

„Ich, Hildegard, schaute: ein überaus helles Licht (Silberrand) *und darin eine saphirblaue Menschengestalt, die durch und durch in funkelndem Feuer brannte* (Goldscheibe, die Wellenlinien deuten auf das wogende Leben hin). *Das Licht durchflutet das Feuer, und beide durchdringen die Menschengestalt: alle drei ein einziges Licht in derselben Stärke und Leuchtkraft.*

Ohne Ursprung, Fülle des Lichtes, ist der Vater, Urquell allen Seins. In ihm ist der Sohn, den er vor aller Zeit zeugte, durch den er die Schöpfung zu Anfang aller Zeit rief, der Mensch wurde, und doch nie sich von ihm trennte in der Zeit. Er ist die Fülle aller Fruchtbarkeit.

Funkelndes Feuer ist der Heilige Geist, Leben allen Lebens, ohne die Dürre finsterer Sterblichkeit. Er entzündet in den Herzen das Feuer, er ist die treibende Kraft aller Vitalität."

„Untrennbar sind diese Drei.
Ein Gott in der gleichen Herrlichkeit
ungeteilter Gottheit.

Das ist die wahre Dreiheit in der wahren Einheit, so unfaßbar in ihrer Herrlichkeit, daß die Weisheit des Menschengeistes – zöge sie noch so weite Kreise und stiege sie

Tafel 11, Schau II,2
Die Allerheiligste Dreifaltigkeit

noch so hoch über sich hinaus – keine Grenzen fände für die Weite und Höhe Gottes.

Und doch ist durch den Sohn der Lehm der Erde aufgenommen in das unzugängliche Licht der Dreifaltigkeit, in das Herz des Vaters."

Die Miniatur zeigt den Menschensohn in der sogenannten Botenhaltung oder auch in einer Gebärde des Gehorsams, der Ehrfurcht.

Doch wird Hildegard noch etwas anderes erklärt, das im Bild nicht zum Ausdruck kommt:

„Denn durch das Wort, das der Lebensquell selbst ist, kam die Mutterliebe Gottes zu uns und umarmte uns. Sie nährt uns zum Leben. Sie steht uns bei in der Gefahr. Sie ist tiefstes und zartestes Erbarmen, das uns den Weg der Umkehr zeigt. Voll Mitleid gedachte Gott seines großen Werkes, seiner kostbarsten Perle, des Menschen, den Er aus Erdenlehm gebildet und dem Er den Atem des Lebens eingehaucht hatte."

Wie drei Bestandteile im Wort zu erkennen sind,
so ist die Dreifaltigkeit in einer Gottheit zu betrachten.
Im Wort ist Klang, Kraft und Hauch.
Klang, damit man es hört,
Kraft, damit man es versteht und
Hauch, damit es ans Ziel gelangt.
Im Klang aber nimm den Vater wahr, der alles
in unermeßlicher Stärke offenbart.
In der Kraft den Sohn, der wunderbar
aus dem Vater gezeugt ist.
Im Hauch aber den Heiligen Geist,
der lieblich in ihnen erglüht.
Wo man aber keinen Klang hört, dort wirkt
auch keine Kraft, noch erhebt sich ein Hauch,
und deshalb versteht man dort auch
das Wort nicht.

So erkenne, o Mensch, den einen Gott
in drei Personen, der dich Kraft seiner Gottheit
erschaffen hat und dich vor dem Verderben
errettet hat.
Doch du glaubst in der Torheit deines Herzens,
Gott sei so ohnmächtig, daß es ihm nicht möglich ist,
wirklich in drei Personen zu leben!

Drei Teildarstellungen dieser Miniatur, in denen Hildegard die Kirche als *„die neue Braut"* und Mutter schaut (nach dem Versagen Evas und der Erblindung der Synagoge), sollten zusammen gesehen werden. Sie sagen Tiefes über das Wesen der Kirche aus.

Riesengroß wie eine Stadt erscheint der Seherin die Frauengestalt. Heller Glanz umstrahlt sie, aber sie ist noch nicht vollendet, darum wird sie nicht in voller Gestalt sichtbar. Ihr „Ort" ist der Altar (Bild rechts oben), den sie umfangen hält und von dem sie niemals weicht. Auf dem Altar zeigt sich Christus, der zugleich auch Hoherpriester und Opfergabe ist. Vom Altar aus überblickt die Kirche mit wachen Augen den gesamten Horizont der Welt.

Ihr eigenes Wesen drückt die Kirche auf dem Spruchband (links oben) mit den Worten aus: *„Ich muß empfangen und gebären."*

An ihrer Brust erglüht ein Licht, von ihrem Herzen erklingt ein vielstimmiger Gesang, der sie als *„aufleuchtende Morgenröte"* preist.

Engel eilen herbei und bereiten für die Menschen, durch die die Kirche vollendet werden soll, Stufen (Leitern) und Ruhesitze, d.h. Aufstiege des geistlichen Lebens und Orte der Kontemplation, des Verweilens

Tafel 12, Schau II,3
Die Kirche, Mutter der Glaubenden

bei Gott. Die Kirche ist nach Hildegard *„immer schwanger“* (semper praegnans). In ihrem Leib (rechts unten) trägt sie das Fischernetz Petri, in das Menschen gleich dunkelhäutigen Fischen hineinschwimmen.

Die Frau gebiert sie für das neue Leben in Christus durch ihren Mund. Diese Geburt ist nicht ohne „Wehen“ der Mutter, denn sie zieht ihre Kinder in tiefem Aufseufzen nach oben und befreit sie von ihrer dunklen Haut, die sie mit einem blütenweißen Gewand vertauscht.

Dann übergibt sie jedes ihrer Neugeborenen Christus (links unten), der Hildegard in dem gleichen Licht erscheint wie bei der Vision der Dreifaltigkeit.

Und die Kirche spricht zu jedem ihrer Kinder:

„Lege die alte Ungerechtigkeit ab und ziehe die neue Heiligkeit an. Bedenke, wie du belehrt worden bist, deinen Vater zu erkennen, zu dem du dich bekannt hast.

Sieh dir nun die beiden Wege an: der eine führt nach Norden (Region des Teufels), *der andere nach Osten* (Reich Gottes).

Wenn du mich aufrichtig liebst, will ich tun, was du erbittest. Verachtest du mich aber und eilst zum Teufel, als ob er dein Vater wäre, dann wird das Verderben dich ereilen.“

Die Eindeutigkeit der beiden Wege, die keine unklare Zwischenzone kennt, wird in der Miniatur durch die klare farbliche Trennung zwischen dem Höllenfeuer und dem Licht in Gott dargestellt.

Und die Mutter Kirche schaut ihre Kinder, die durch sie hindurchgegangen waren und nun im Licht wandeln, gütig an und sagt mit trauriger Stimme: „*Ich empfange und gebäre viele, die mich bedrücken, denn sie bekämpfen mich durch Irrlehren, unsinnige Kämpfe, Raub, Mord und andere Verfehlungen.*

Doch viele erstehen in wahrer Buße zum ewigen Leben."

Wie der Balsam vom Baum ausgeschwitzt wird
und die in ihm verborgenen Heilkräfte
dem Salbengefäß entströmen,
und wie der helle Glanz des Karfunkels sich
ohne Hindernis ausbreitet, so wurde der
Sohn Gottes ohne Verletzung aus einer Jungfrau geboren.
Und so gebiert auch die Kirche als seine Braut
ohne Beeinträchtigung durch einen Irrtum
ihrer Kinder, bleibt jedoch in der
Unversehrtheit des Glaubens Jungfrau.

Wiederum schaut Hildegard die noch unvollendete Gestalt der Kirche. Im Gegensatz zur sehr bewegten, dynamischen Darstellung der vorhergehenden Miniatur wirkt diese statisch und vermittelt Festigkeit, Stabilität.

Hildegard erfährt die Kirche wieder groß wie eine Stadt. Diese erhält ihren unerschütterlichen Stand durch die Verbundenheit mit einem Turm, der aus einem einzigen weißen Stein besteht und oben drei mit Smaragden besetzte Fenster zeigt. Aus ihnen bricht und blitzt das Feuer der Gaben des Heiligen Geistes.

„Der Turm stand mitten hinter der Frauengestalt, so wie ein Turm auf die Stadtmauer gesetzt wird: Dank seiner Festigkeit konnte die Gestalt nicht fallen.“

Im Leib der Frau erkennt Hildegard Menschen mit sehr verschiedener Geisteshaltung. Einige erstrahlen wie Gold im Licht Gottes, andere haben schwache Augen und kranke Glieder, sie gehen an Krücken. Wieder andere schwirren unruhigen Geistes herum oder verlassen den Mutterschoß und die kostbare Nahrung der Kirche. Manche belästigen sie mit Irrtümern und vernichten und zerstückeln die von Gott aufgestellten Gesetze.

Einige bekämpfen sie mit dem Schwert von außen. Auch der Widersacher Gottes speit gegen sie aus.

Sie aber verweigert sich keinem.

Tafel 13, Schau II,4
Gesalbt mit dem Heiligen Geist

Eine Darstellung, die nur andeutungsweise vermittelt, welche Durchblicke Hildegard zum Mysterium der Kirche geschenkt wurden.

Ein Berg ist zum Leib einer gewaltigen Frauengestalt geworden. Aus silbernen Berggipfeln geht sie hervor und wandelt sich von der Mitte des Körpers an in Gold. Sie verbreitet einen Lichtschein bis zum Himmel.

In weitem Gewand, mit erhobenen Händen, steht sie in der Haltung der Betend-Segnenden, der „Orante".

Auf ihrer Brust entspringt ein Blütenkelch, der sich gleichsam wie Flügel öffnet und wie Morgenrot leuchtet.

Diese Frau hat offensichtlich kosmische Bedeutung.

„O Frau, Schwester der Weisheit, wie herrlich bist du",

so schreibt Hildegard in einem Brief (Nr. 192) von ihr, *„denn vor jeder Schöpfung ruht der größte Segen auf der Frau."*

Als *„leuchtender Urstoff"* wird sie besungen, *„aus dem das Wort des Schöpfers alle Kräfte verströmt – wie beim Urbeginn der Welt."*

An der Brust dieser bergeshohen Gestalt erscheint eine kleine, rotgewandete junge Frau, die ebenfalls ihre Hände zum Gebetsgestus erhebt.

Es kann sich hier nach den Worten Hildegards nur um Maria handeln, denn von ihr wird gesagt:

Tafel 14, Schau II,5
Der mystische Leib

„O du blühende Blume, du wirst dem Sohn des allerhöchsten Königs vermählt. Wenn deine Zeit gekommen ist, wirst du dem erlauchtesten Kind Mutter sein."

Hinter Maria – tiefer im Blütenkelch – werden acht Gestalten sichtbar, die nach dem beschreibenden Text eine ungeheure Schar von Menschen darstellen sollen. Sie sind mit Gold, Edelsteinen und verschiedenen Symbolen ihres Standes geschmückt. Einige tragen Schleier, andere Mitren auf dem Haupt.

Offensichtlich schaut Hildegard hier die Kirche, deren Stände sie in dieser 5. Vision ausführlich beschreibt. *„Töchter Sions"* werden sie genannt. *„Mit ihnen ist Zitherspiel und jeglicher Wohlklang, nie endender Jubel."*

Eine Schau des Mysteriums der Kirche, konkret sichtbar in der Person Marias und umfangen von jener Frauengestalt, der Weisheit, die *„vor dem Ursprung der Welt gebildet ward und die allezeit vor ihm auf dem Erdenrund spielt"* (vgl. Weish. Spr. 8).

Bildhaft wird gezeigt, was sich in begrifflicher, theologischer Sprache kaum fassen läßt.

Hildegard wurde bei der Schau dieses Mysteriums außerordentlich stark bewegt.

„Bei diesem Anblick befiel mich ein solches Zittern, daß mir die Kräfte schwanden..."

Vielleicht erschütterte die Seherin auch das, was die Miniatur nicht wiedergibt:

„Vom unteren Teil der Frauengestalt rückte zwischen Himmel und Erde dichteste Finsternis heran, so schrecklich, daß keine Zunge es ausdrücken kann."

Die Stimme vom Himmel erklärt ihr:

„Wenn der Sohn nicht am Kreuz gelitten hätte, würde diese Finsternis es niemals zulassen, daß der Mensch zur himmlischen Herrlichkeit gelangt."

Darum beruft Gott in den Nachfolge-Ständen der Kirche Menschen, die *„in brennender Liebe das Leiden meines Sohnes nachahmen"*.

„Ich (Hildegard) schaute:

Während der Sohn Gottes am Kreuz hing, ging die Kirche wie ein Lichtglanz aus dem ewigen Ratschluß hervor und wurde ihm durch göttliche Macht zugeführt. Überströmt von seinem Blut, das hochaufsprudelnd aus seiner Seite floß, wurde sie ihm durch den Willen des himmlischen Vaters angetraut und empfing als kostbare Hochzeitsgabe sein Fleisch und Blut."

„Und ich hörte, wie die Stimme vom Himmel zu ihm sprach: Diese, mein Sohn, sei dir Braut zur Wiederherstellung meines Volkes! Sie soll ihm Mutter sein. Den Seelen schenke sie das Leben durch die erlösende Wiedergeburt aus dem Geist und dem Wasser."

„Da erstarkte die Gestalt zur Fülle ihrer Kräfte. Und es erschien ein Altar, zu dem sie häufig hinzutrat und mit tiefer Ehrfurcht auf ihre Brautgabe schaute und sie ... dem himmlischen Vater und seinen Engeln zeigte."

Wie einst aus dem Schoß der Jungfrau, so geht nun immerdar sein makelloses Fleisch aus der Unversehrtheit der Kirche (im Glauben) hervor und wird den Glaubenden zu ihrer Heiligung gereicht.

Deshalb umleuchtet die Herrlichkeit des Himmels den Altar (unteres Feld), wenn die Kirche ihre Brautgabe durch den Mund des Priesters erbittet.

vi. lxxx Q[u]d nemo ppt̄ pondus peccatorū suorum desperet.
vii. lxxx E uuangelium de eodem.
viii. lxxx Q[u]d peccata & p elemosinā & p corporalem satisfactionē deleri de- bent
viiii. lxxx D e libro sapientie.
xc. Q[u]d elemta lac uoluptatū hoūi
xci. Q ui elemosinā dant. & q[ui] sciunt. eā suscipiunt. hoc ī uanū n̄ faci
xcii. Q[u]d paupes & diuites. & honorantē potestatis appetentes. unūqsq; sedm̄ intentionē suā remunerat.
i. xciii Q[u]d sacerdotes exorando & cohercendo moneat pptm̄ de ɔfessi
ii. xciii Q uod sacerdotes aucto[ritate] sone. ritate magisterii pplō n̄ ostendentes. n̄ sacerdotes s; lupi uo
xcv. Q uod elemta corā dō scant. ululant sup iiqtate sacdotū. & celi iniqtate eq. suscipiunt.
i. xcvi Q[u]d sacerdotes habēt potestatē ligandi & soluendi.
ii. xcvi V erba euangelii de eodem.
ii. xcvi Q uod nullus absq; culpabili culpa ligandus ē.
iiii. xcvi Q[u]d si aliquis inocens ɔstrictus fuerit. ppt honorē dī solutionem querere debet.
c. Q[u]d rebelles ad xpm reuerti nolentes. & obdurati nullā uiā querentes. antiquū serpentē imitantur.
ci. V erba diaboli.
cii. Q uod homines de tenebrositate infidelitatis p incarnationem filii dī educti sunt.

Tafel 15, Schau II,6
Das Opfer Christi und der Kirche

„Göttliche Glut aus der Kraft des Vaters (goldener, senkrecht verlaufender Strom) *überströmt die Opfergaben, und so wie der Mensch beim Atmen die himmlische Luft einzieht und sie wieder ausatmet, so zieht das himmlische Feuer sie mit unsichtbarer Kraft in jene verborgene Höhen empor, die ein sterbliches Auge nicht erreichen kann."*

„Dann senkt es sich wieder auf den Altar herab. Die Gaben sind, obgleich die Brot- und Weingestalt bleibt, durch den Hauch des Heiligen Geistes in das wahre Fleisch und Blut des Herrn verwandelt."

„Als ich das betrachtete, erschienen plötzlich, wie in einem Spiegel, die Symbole für die Geburt, das Leiden, das Begräbnis und auch für die Auferstehung und die Himmelfahrt unseres Erlösers, wie es sich in seinem irdischen Leben vollzogen hat."

Wenn zum Gedächtnis meines Sohnes auf dem mir
geweihten Altar das Opfer von Brot und Wein
dargebracht wird, verwandle ich, der Allmächtige,
es wunderbar mit meiner Kraft und
Herrlichkeit verklärend,
in den Leib und das Blut meines Eingeborenen.
Als mein Sohn bei den Menschen auf Erden weilte,
war er auch bei mir im Himmel.
Und jetzt bleibt er bei mir im Himmel
aber auch bei den Menschen auf der Erde.
Ihr törichten Menschen, zweifelt nicht, ob dieses
Sakrament Leib und Blut meines Sohnes ist.
Denkt daran, woraus ich Adams Fleisch und Blut schuf:
aus dem Lehm der Erde.
Was meint ihr?
Ist es mir leichter möglich, aus dieser Opfergabe
Fleisch und Blut meines Sohnes zu machen
oder aus Erdenlehm den Menschen zu bilden?

Diese Miniatur muß mit der vorhergehenden zusammengesehen werden. Ein Priester tritt an den Altar zur Feier der heiligen Geheimnisse. Hildegard schaut, wie ein Lichtglanz ihn und den Altar umgibt und Engel herniedersteigen. Dann vollzieht sich *„für die, die glauben, die Wiederherstellung der Seelen zum Heil."*

Als die Menschen nach dem Priester zum Empfang des Sakramentes hinzutraten, sah Hildegard fünf verschiedene Gruppen: *„Die ersten haben leuchtende Körper und feurige Seelen."* Das sind jene, die nicht an der Wirklichkeit dieses Sakramentes zweifeln.

„Bei anderen sind die Körper schattenhaft und die Seelen finster." Ihr Glaube ist lau, ihr Herz versteht nicht, was ihnen von diesem Sakrament gesagt wird.

„Andere starren von Schmutz menschlicher Befleckung".

Das sind die Menschen, die sich mit schmutzigen Lastern beflecken.

Bei anderen scheint die Seele mit Aussatz behaftet zu sein. *„Sie haben ihr Herz mit Haß und Neid umzäunt."*

„Die letzten endlich sind mit Blut befleckt." Das sind Menschen, die ihre Hand nach dem Leben anderer ausstrecken.

„Dennoch wird der Quell der Erlösung sie durchströmen, wenn sie sich durch würdige Buße reinigen."

Et post hec uidi. cũ filius dĩ in cru ce pependit quod pdicta muliebris imago uelut lucidus splendor ex antiquo consilio p pere pgrediens. p diuinam potentiam ad ipsũ adducta ẽ. & sanguine qui de latere ei fluxit se sursũ eleuante pfusa. ipsi p uoluntatem supni patris felici desponsatione associata ẽ. atq; carne & sanguine ei nobilit̃ dotata. Et audiui uocem de celo illi dicentem. Hec fili sit tibi sponsa ĩ restaurationem populi mei. cui ipsa mater sit. animas psaluationem spiritus & aque regenerans. Et cum eadem imago iam hoc ĩ uirib' suis pficeret. uidi qsi quoddã altare ad quod ipsa freqnt̃ accedebat. & ibi dotem suã deuote reuisens eam supno patri & angłis ei humilit̃ ostendebat. Unde etiã cũ sacerdos sacris uestib' indut' ad celebranda diuina sacramẽta ad idẽ altare accederet. uidi qd subito magna serenitas lucis cũ obsequio

Tafel 16, Schau II,6
Die Speise des Lebens

Zwei Miniaturen zu einem einzigen Thema: die Ohnmacht des Widersachers Gottes und die ihm noch verbliebene Macht der lügnerischen Verführung.

Ein berghohes Licht teilt sich nach oben in viele Zungen (die Gaben des Heiligen Geistes). Vor ihm eine Schar weißgekleideter Menschen hinter einem schleierartigen, durchsichtigen Kristall: dem Gesetz Gottes.

Auf dem Weg vor ihnen liegt ein an Händen und Füßen gefesseltes Scheusal, *„so wild, daß es kein Mensch auszudrücken vermag"*. Sein Haupt scheint zerschmettert, seine linke Backe ist der Auflösung nahe, seine Augen blutunterlaufen, sein Leib voll Blattern. Aus seinem Unterleib quillt Unrat und verpestet die Luft.

Man könnte beim Anschauen dieser Darstellung denken: Hier hat sich bereits das Gute endgültig vom Bösen geschieden: die Geretteten leben in der Strahlkraft und unter dem Schutz des Gesetzes Gottes wie hinter einem Schild. Das böse Ungeheuer ist endgültig überwältigt. Der gefesselte Versucher zeigt jedoch, welche Macht dem Bösen noch verblieben ist:

Seine lügnerische Verführungskunst, die in den giftigen Pfeilen (Tafel 17) und in dem viergeteilten Feuerstrom, der aus seinem Maul zischt (Tafel 18, oben), sichtbar wird.

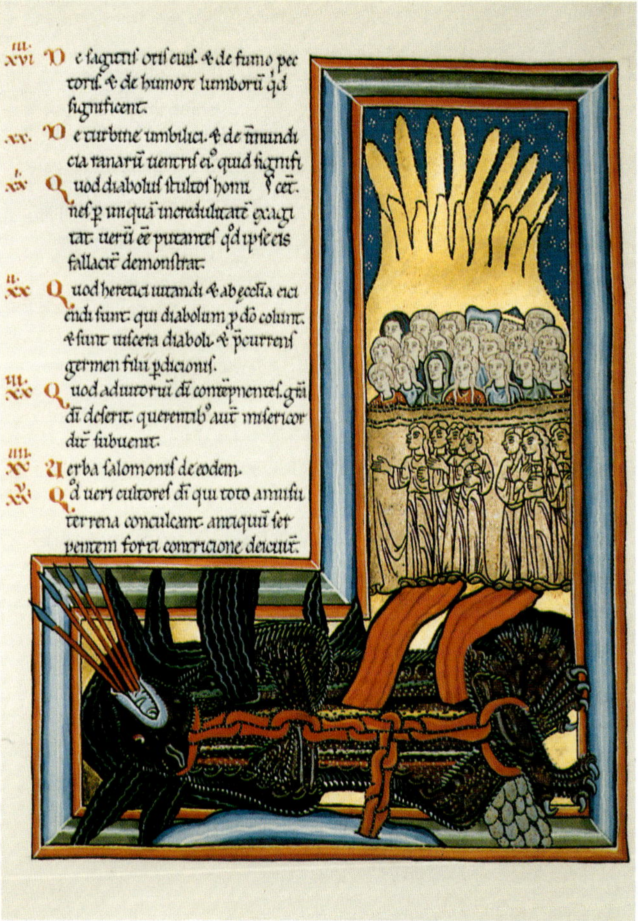

Tafel 17, Schau II,7
Der gefesselte Versucher

Unruhe, Gestank und Dunst verpesten viele. Doch plötzlich tritt da eine Schar von leuchtenden Menschen auf, die den Wurm niederzwingen und ihm bittere Qualen zufügen. Das sind jene Glaubenden, die mit ihren in Gottes Kraft vollbrachten Werken den Verführer immer wieder umringen und niedertreten.

Hildegard schließt die Vision mit dem Aufruf:

„Ihr, die ihr nach Heil verlangt, da ihr die Taufe empfangen habt und ein gesalbter Fels Gottes seid, widersteht dem Satan und steigt nicht vom Berge eurer Erlösung herab."

Der Böse unterhält auf dieser Welt einen Jahrmarkt (Tafel 18 unten) auf dem er schädliche Vergnügungen und Reichtümer feilbietet.

Manche Menschen laufen schnell an den Auslagen vorbei, ohne etwas einzuhandeln, einige aber schlendern umher und lassen sich in Kauf oder Verkauf ein.

Der obere Teil der Tafel 18 zeigt die Wirkungen der teuflischen Flammen. Sie bringen Unruhe in die Menschen, die ihrem ewigen Ziel zustreben. Manche werden zu Boden geworfen, andere versengt und durchbohrt, wieder andere nur in Rauch gehüllt.

„Die nach oben Strebenden rufen sich immer wieder zu: ‚Laßt uns zum Himmel pilgern.' Andere rufen laut ‚Ihr Getreuen, kommt uns zu Hilfe'."

Septima visio secunde partis.

Deinde vidi ardentem lucem tante magnitudinis ut aliquis mons magnus & altus est. in summitate sua velut in multas linguas divisa. Et coram luce ista quedam multitudo albatorum hominum stabat. ante quos velut quoddam velum tamquam cristallus perlucidum. a pectore usque ad pedes eorum extensum erat. Sed & ante multitudinem istam. quasi in quadam via velut quidam vermis mire magnitudinis & longitudinis supinus iacebat. qui tanti horroris & insanie videbatur. ultra quam homo effari potest. Ad eius sinistram quasi forum erat. ubi divicie hominum atque delicie seculares & mercatus diversarum rerum apparuerunt. ubi etiam quidam homines multa celeritate currentes. nullum mercatum faciebant. quidam autem tepide euntes. & vendicioni & emptioni ibi insistebant. Vermis autem ille niger & hirsutus atque ulceribus & pustulis plenus erat. qui quinque varietates a capite per ventrem suum usque ad pedes

Tafel 18, Schau II,7
Der angefochtene Mensch

Tafel 19 eröffnet das 3. Buch *„Scivias"*, das mit einem neuen, feierlichen Sendungsauftrag Gottes an Hildegard beginnt, *„göttliche Dinge kundzutun"*.

Die Seherin bringt erneut den Einwand ihrer Unwürdigkeit. Aber die göttliche Stimme besteht darauf:

„Sprich, wie du belehrt worden bist. Ich will, daß du redest, obwohl du Asche bist."

Leider zeigt die Miniatur nur sehr unvollständig etwas von der beeindruckenden Tiefe und Fülle dieser Vision.

Hildegard erblickt im Osten einen ungeheuer breiten und hohen eisenschimmernden Felsblock, über ihm eine leuchtend weiße Wolke. (Welch ein Kontrast!) Darauf steht ein Königsthron. Auf ihm sitzt – strahlend von Herrlichkeit – der Allherrscher, Gott.

Der eisenfarbene Felsblock soll die Haltung der *„Furcht Gottes"* darstellen, hart wie Eisen, weil es für den schwachen und unbeständigen Menschen oft schwer ist, sich der Gegenwart Gottes zu stellen.

Die weiße Wolke symbolisiert die Weisheit des menschlichen Geistes, die aus der Furcht Gottes hervorgeht. Mit der Hilfe Gottes wird darauf der Glaube wie ein Thron errichtet, der Gott so berührt, wie ein Thronsitz seinen Herrn berührt.

Tafel 19, Schau III,1 a
Der Lichtkreis Gottes

In seinem Herzen trägt der Schöpfer und Vater einen schmutzigen Lehmklumpen von der Größe des Menschenherzens (leider in der Miniatur nicht sichtbar). Der erbarmungswürdige Lehm stellt den Menschen dar, der den Schöpfungslehm nicht rein erhalten kann, sondern ihn mit seinem Versagen befleckt.

Doch der Vater schmückt ihn mit Edelsteinen und Perlen. Er trägt ihn aus Liebe zu seinem Sohn und dessen Erlöserleiden in seinem Herzen und schmückt ihn vor allem durch diejenige Kraft, mit der er den Menschen zur Umkehr bewegt, die Reue.

Hildegard bringt hier in den Dialog des *„verlorenen Sohnes"* mit seinem Vater einen neuen Ton. Der Sohn klagt sich nicht nur an, daß er gegen Gott gefehlt habe, sondern, daß er *„wegen der Bosheit seines Herzens die Schöpfung Gottes in sich verraten hat"*.

Gott blickt als Vater voller Güte auf sein Werk aus Lehm, *„wie ein Vater seine Kinder anschaut, wenn er sie auf seinen Schoß hebt"*.

Ein großer, goldener Lichtkreis geht wie ein Morgenrot vom Allherrscher aus und schwingt in nicht zu begreifenden Ausmaßen in und um die Schöpfung und die Heilsgeschichte: die Kraft und die Macht des menschgewordenen Sohnes.

Ich will den Menschen nicht im Stich lassen.
Ich ekle mich nämlich nicht,
schwärende Wunden zu berühren,
die vom Unrat des Wurmfraßes bedeckt sind.
Ich wende den Blick nicht ab,
ohne sie sanft zu schließen.
Ich will bei denen sein, die mich in
aufrichtiger Reue erkennen, und verbind mich
dort auch mit der menschlichen Verwesung,
weil ich sie reinigen will.
Die mich aber nicht aufnehmen wollen,
schleudere ich von mir und mag nicht bei ihnen
sein, weil ich keinen Anteil an denen habe,
die mich nicht verstehen wollen!

„Dann sah ich, wie aus dem Geheimnis des Thronenden ein großer Stern von starker Leuchtkraft und Schönheit hervorging, und mit ihm eine große Menge hellstrahlender Funken, die mit diesem Stern zusammen nach Süden zogen.

Den auf dem Thron Sitzenden betrachteten sie als Fremden und wandten sich von ihm ab. Doch sofort erloschen alle beim Abwenden ihres Blickes und wurden kohlschwarz."

„Und plötzlich entstand ein Wirbelwind unter ihnen, der sie nach Norden hinter den Thronenden trieb und in den Abgrund stürzte. Ihr großer Glanz aber kehrte zum Thronenden zurück." Gott behielt ihn sich vor für das Gebilde aus Lehm, den schwachen Menschen.

Und weiter erklärt die göttliche Stimme: Der große Stern ist Luzifer mit seiner Heerschar, die *„damals im Glanz des Lichtes erstrahlte"*. Doch neigte er sich zum Bösen, d. h.: *„Er schaute nicht ungeteilt auf mich. Statt dessen glaubte er, im Vertrauen auf sich selbst beginnen und vollenden zu können, was er wollte."*

Die Miniatur zeigt einprägsam das Abgetriebenwerden Luzifers und seines Anhangs aus der Strahlkraft des Himmels durch alle kosmischen Regionen hindurch bis ins schwarze Chaos.

Tafel 20, Schau III,1
Die erlöschenden Sterne

In elf Visionen wird Hildegard in Bild und Wort das ganze Heilswerk Gottes mit dem Menschen im Symbol einer burgartigen Anlage, eines gewaltigen Bauwerkes gezeigt.

Diese Stadt auf dem Berg liegt dicht am Fuß des bereits bei der Tafel 19 beschriebenen ungeheuren Felsens, auf dem über der Wolke der Thronsitz Gottes steht.

Die Güte des Vaters (bonitas Dei) errichtet nach Seinem geheimnisvollen Plan (gleichsam wie *„in seinem Schoß“*) im Zusammenwirken mit den guten Taten der Glaubenden dieses Bauwerk.

Es erstreckt sich von Adam bis zu Noah, von Abraham bis Mose und dann hin zu Jesus Christus, der noch in der Kirche verborgen ist, bis er in der Herrlichkeit de Vaters erstrahlt.

Die Mauern des Bauwerkes sind von zweifacher Art, teils leuchtend wie reines Licht, teils steinern.

Die Lichtmauern sind ein Symbol für die Erkenntnis des Guten und Bösen im Menschen.

„Er soll Leben und Tod zu erkennen suchen und dadurc imstande sein zu wählen.“

Ergreift er die Gnadenkraft Gottes (Virtus), die von *„oben“* kommt, dann kann die göttliche Kraft mit ihm

Tafel 21, Schau III,2
Das Bauwerk des Heils

das gute Werk wirken, aus dem das Bauwerk Gottes errichtet wird. Die Kraft Gottes bietet sich ihm gleichsam wie ein Baustein an, den er ergreifen und in die Mauer einfügen soll.

Gott will und wird mit und im schwachen Menschen aus Fleisch sein Heilswerk vollenden.

Es gibt im Heilsgebäude auch Bollwerke
von größerer Höhe.
Wenn der Mensch auf den Gipfel seines guten
Willens blickt, dann baut er hohe,
zuverläßliche Mauern und erhebt sich in den
Tugendkräften des Baues Gottes über die
verstandesmäßige Glaubenseinsicht.
Auf diesem Glauben errichtet er die hochragenden
Bollwerke höherer Tugenden,
weil es ihm nicht genügt, nur an Gott zu glauben.
Er ersteigt vielmehr die grünende Palme,
d. h. er steigt von Tugend zu Tugend auf.
Mit ihnen wird der aufrichtige Glaube erhöht
und geschmückt wie eine Stadt mit Türmen.

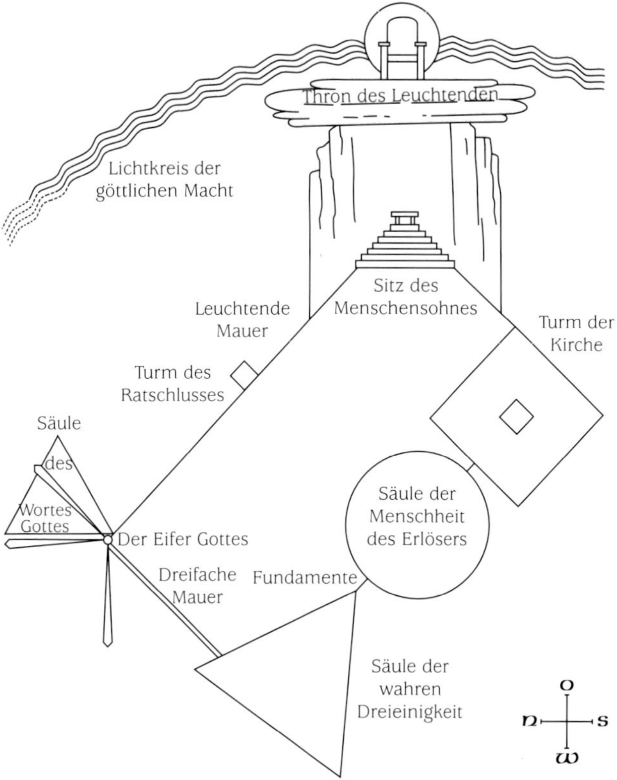

Grundriß des „Gebäudes des Heils"

Der Turm des göttlichen Ratschlusses steht mitten in der leuchtenden Mauer des Bauwerks und hat die Bedeutung eines Vorläufers der Kirche.

In ihm erblickt Hildegard fünf Gestalten, die jede für sich unter einem eigenen Turmbogen stehen. Vor ihnen, auf dem Pflaster des Bauwerks werden ihr zwei weitere Figuren gezeigt: die mit einer kostbaren Krone geschmückte Kraft (*virtus*) der Geduld und die Kraft des Verlangens (*desiderium*) nach dem Erlöser, die im rechten Arm das Kreuz trägt.

Alle sind in lange, weiße Kleider gehüllt mit Ausnahme der Kraft des *„Sieges“*, die in kriegerischer Rüstung erscheint, unter ihren Füßen der besiegte Drache und die durch ihn verführten Menschen (Tafel 23).

Die fünf Tugenden auf dem Turm stellen sich vor als *„Liebe zum Himmlischen“* (mit Lilie und Blumen), „Zucht“, *„Schamhaftigkeit“* (sie verhüllt ihr Gesicht vor Satan) und *„Barmherzigkeit“*.

Alle diese Gestalten tragen gemäß ihrer Aufgabe entsprechende Symbole und beschreiben die besondere Kraft ihres Einsatzes mit Worten.

Was will Hildegard in dieser und in fünf weiteren Visionen des III. Buches *„Scivias“* mit der Vorstellung und minutiösen Beschreibung so vieler Symbolgestalten

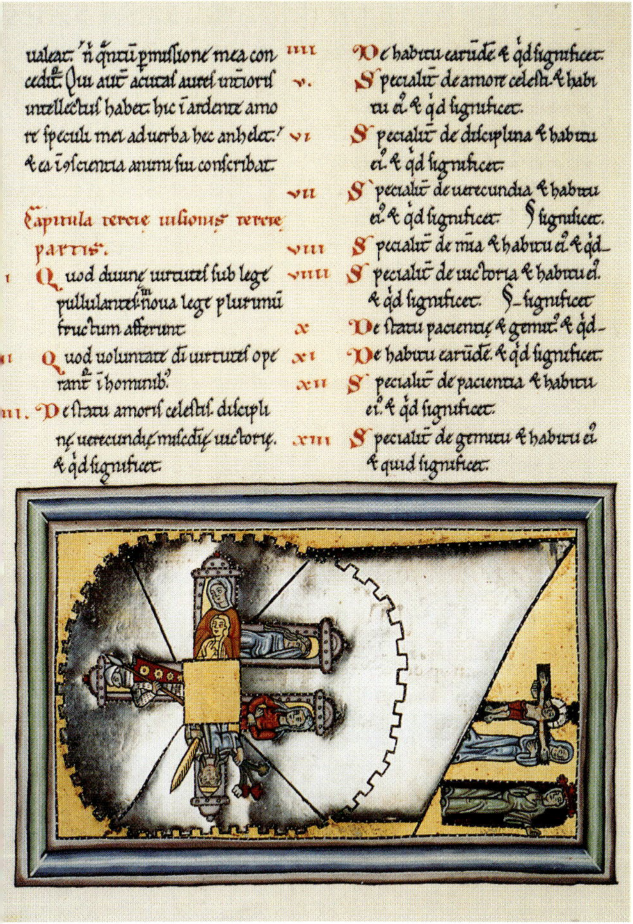

Tafel 22, Schau III,3
Der Turm des göttlichen Ratschlusses

sagen? Die Virtutes sind die Schöpfer-Energien Gottes, *„Kräfte aus dem leuchtend hellen Schein, der von Gott im Wirken des Menschen aufstrahlen will“.*

Durch sie wirkt Gott mit dem Menschen zusammen, um Kirche und Welt zur Vollendung zu bringen.

Sie sind göttliche Kräfte, die nur deshalb in menschlicher Gestalt erscheinen, weil sie menschliches Handeln bewirken.

Ihre moralische Bedeutung ist im Vergleich zu ihrer göttlich-seinsgemäßen Kraft sekundär.

Die Virtutes weisen auf die göttliche Gnade und auf die Mitwirkung des Menschen hin. Kraft Gottes wird zur Tugend (Tauglichkeit) im Menschen.

Hildegard zeigt hier ihr grundsätzliches Konzept der Synergie, d.h. der Erlösung als gemeinsame Anstrengung von Gott und Mensch, gleichsam „Gottesgeburt“.

Die Dynamik der Virtutes ist eine dreifache: Sie bauen auf (operarii), sie wehren das Böse ab (militia) und sie heilen (medicina).

„Alle diese Kräfte sprechen ihre Worte aus dem Geheimnis Gottes zur Ermahnung des Menschen aus.“

„In ihnen lehrt die Güte Gottes, indem sie die Menschen in liebevoller und angenehmer Weise ermuntert, das Böse aufzugeben und sich zum Guten aufzurichten.“

Post hec uidi. & ecce quasi in medio longitudinis predicte lucide parti muri designati edificium stabat uelut turris ferri coloris. ipsi muro exteriori imposita latitudinis quatuor cubitorum & altitudinis septem cubitorum. in qua conspexi quinque imagines singulariter stantes in singulo arcu. desuper quasi turritum conum habente. quarum prima respiciebat ad orientem. secunda autem ad aquilonem. tercia uero ad septentrionem & quarta ad columpnam uerbi dei in cuius radice abraham patriarcha residebat. ac quinta ad turrim ecclesie & ad illos homines qui in ipso edificio huc & illuc discurrebant. Similitudo autem una erat eis in hoc. Singule earum uestite erant solummodo quasi singulis uestibus sericis & calciate calciamentis albis. excepta quinta que ex omni parte armata uidebatur. Secunda uero & tercia erant nudo capite dissoluta coma & alba carentes amictu palliorum. Prima autem & tercia ac quarta induta erant tunicis albis. Sed dissimilitudo ex hoc erat eis. Prima imago gestabat in capite suo pontificalem infulam sparsis capillis & albis. induta quasi pallio albo. inferius in duabus oris ipsius purpura contexto. In dextera uero habebat lilia & alios flores. in sinistra autem palmam. Et dixit. O dulcis uita & o dulcis amplexio eterne uite. & o beata felicitas in qua sunt eterna

Tafel 23, Schau III,3
Fünf Gotteskräfte im Turm des göttlichen Ratschlusses

Jenseits des Turmes des göttlichen Ratschlusses, steht die Säule des Wortes Gottes. Sie ist der leuchtenden Mauer angebaut und von solchen Ausmaßen, daß das menschliche Auge sie nicht ermessen kann.

Drei Kanten hat die Säule, die in der Miniatur flächig, gleichsam wie aufgeklappt gezeichnet sind. In der ersten Kante sitzen, wie auf den Ästen eines Baumes Abraham, Mose und Josua stellvertretend für alle Patriarchen und Propheten. Sie alle schauen staunend auf das, was das Wort Gottes in der Zukunft wirken wird.

Von der zweiten Seite geht ein heller Schein aus, der sich immer mehr ausbreitet. Dort werden die Heiligen des Neuen Bundes, der Kirche, sichtbar.

Die dritte Seite symbolisiert die Verkündigung des Wortes Gottes durch heilige Lehrer. Sie verbreitert sich zur Mitte, wird aber nach oben wieder schmäler.

Das bedeutet: die Verehrung Gottes breitet sich in der Zeit aus. Gegen Ende der Welt läßt sie nach (wird sie eingeengt), aber in der Glut des Hl. Geistes *„wie ein Bogen mit Muskelkraft zum Kampf gespannt"*.

Auf der Spitze der Säule sieht Hildegard in einer Flut von Licht die Taube des Hl. Geistes. Sie trägt in ihrem Schnabel einen goldenen Strahl, der die ganze Säule erhellt. Der Hl. Geist schenkt Erleuchtung und Salbung.

diffundens se in fructum benedictionis.
sic pervenit ad ecclesie doctores.

xi Quod predicante Christo facti sunt apostoli martires et alii electi.

xii Diffuso evangelio extensa est in hominibus sapientia divine scripture que in initio minoris studii erat et in fine debilis refrigescente caritate multorum.

ii. xii Quod homo in principio boni operis debet esse timidus in medio fortis et constans in ultimo humilis.

ii. xii Quod misteria filii dei in profundissimo secreto patris in veteri et novo testamento edita gratia spiritus sancti declarata sunt quod cunctis hominibus non nisi in umbratione ostenditur.

xv. De scientia dei et statu eius et quid significet.

i. xv Quod angeli circa eam sunt et cur alas

ii. xv De his qui dicuntur compulse oves.

iii. xv Quod deus quosdam leviori quosdam fortiori flagello quosdam maxima erumna mentis et corporis constringit.

iiii. xv Exemplum de pharaone et moyse et aaron ad eandem rem.

xx. De modis castigationum et dei consolationum inter bonum inspicientium.

xxi Verba sapientie salomonis.

xxii Quare scientia dei inspiciat homines nova veste indutos.

Tafel 24, Schau III,4
Die Säule des Wortes Gottes

Auf dem Pflaster des Bauwerkes vor der Säule des Wortes Gottes steht eine vom Licht so stark angestrahlte Gestalt (*virtus*), daß weder ihr Gesicht noch ihre Gewandung zu erkennen ist – sie ist gleichsam Licht.

Diese Virtus nennt sich „Erkenntnis Gottes" (*scientia Dei*). Offensichtlich hat sie eine herausgehobene Stellung in der Ordnung der Kräfte. Man könnte in ihr eine Art Sophia-Weisheit-Gestalt sehen.

Die *„scientia Dei"* meint von seiten Gottes wie von seiten des Menschen nicht ein rein intellektuelles Erkennen, sondern eher ein ganzheitliches, umfassendes Wissen (und Vorwissen) Gottes um den Menschen und andererseits die wachsame Aufmerksamkeit des Menschen auf Gott hin, das Wissen um ihn.

Die *„Erkenntnis Gottes"* (als gottmenschliche Dynamik) betrachtet aufmerksam die Säule des Wortes Gottes und auch die Menschen, die im Bauwerk umhergehen. Sie kommen aus der Welt und werden hier mit einem neuen Gewand (der Gnade) bekleidet. Sie spricht zu einem jeden: *„Bedenke, was für ein Gewand du angelegt hast, und vergiß nicht deinen Schöpfer, der dich erschuf."*

Engel und Menschen stehen ehrfürchtig vor dieser starken Kraft Gottes, die jede Gottvergessenheit vertreibt

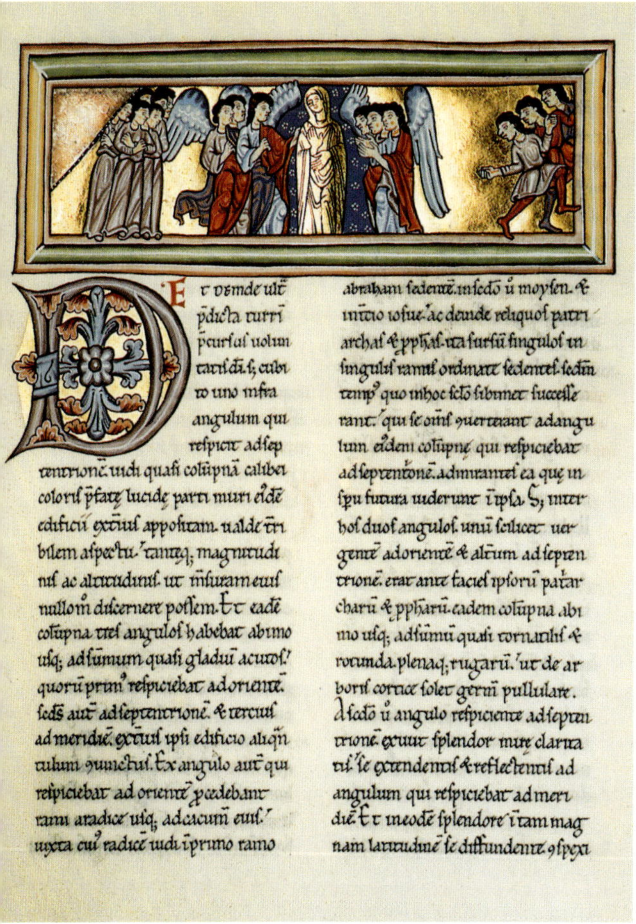

Et deinde uidi predicta turri percursis uoluntarie dei scilicet cubito uno infra angulum qui respicit ad septentrionem uidi quasi columpnam calibei coloris prefatę lucidę parti muri eiusdem edificii exterius appositam. ualde terribilem aspectu, tantaque magnitudinis ac altitudinis. ut mensuram eius nullo modo discernere possem. Et eadem columpna tres angulos habebat ab imo usque ad summum quasi gladii acutos. quorum primus respiciebat ad orientem. secundus autem ad septentrionem. et tercius ad meridiem. exterius ipsi edificio aliquantulum coniunctus. Ex angulo autem qui respiciebat ad orientem procedebant rami a radice usque ad cacumen eius. iuxta cuius radicem uidi in primo ramo

abraham sedentem. in secundo uero moysen. et in tercio iosue. ac deinde reliquos patriarchas et prophetas. ita sursum singulos in singulis ramis ordinate sedentes. secundum tempus quo in hoc seculo sibimet successerant. qui se omnes conuerterant ad angulum eiusdem columpnę qui respiciebat ad septentrionem. admirantes ea quę in spiritu futura uiderunt in ipsa. Sed inter hos duos angulos. unum scilicet uergentem ad orientem et alium ad septentrionem. erat ante facies ipsorum patriarcharum et prophetarum. eadem columpna ab imo usque ad summum quasi tornatilis et rotunda. plenaque rugarum. ut de arboris cortice solet germen pullulare. A secundo uero angulo respiciente ad septentrionem. exiuit splendor mirę claritatis se extendentis et reflectentis ad angulum qui respiciebat ad meridiem. Et in eodem splendore in tam magnam latitudinem se diffundentem conspexi

Tafel 25, Schau III,4
Das Erkennen Gottes

Eine Darstellung, die zunächst befremden und abschrekken konnte: dieses massive, kahle und rotglühende Haupt, das bewegungslos dem Mauerwinkel aufsitzt, dort, wo die leuchtende Mauer („*Erkenntnis von Gut und Böse*") auf die Steinmauer („*das rechte Handeln*") aufstoßt.

Der Leib ist von der Mauerecke verdeckt.

Drei Flügel „*von erstaunlicher Länge und Breite*" gehen vom Haupt des Eifers Gottes aus. Sie sind waagerecht ausgebreitet und gleichen „*einer lichten Wolke*". Als Symbol der Stärke bedeuten sie nach den Worten der Vision die „*Ausbreitung der Kraft des Dreifaltigen Gottes*".

„*Keiner kann sie begreifen, sie ist überaus liebreich und herrlich.*"

Zuweilen geraten die Flügel in Bewegung und schlagen in eine bestimmte Richtung aus.

Der Eifer der Liebe Gottes tritt erst offen in Erscheinung, nachdem das Geheimnis des Wortes Gottes geoffenbart war. Es ist die innerste Dynamik der Liebeskraft Gottes. Für das Geschöpf, das sich seinem Schöpfer nicht versagt, ist er als Milde, Faszination, Licht, Harmonie und Herrlichkeit erfahrbar.

Für den verschlossenen Menschen aber, der „*die falschen Begierden wie flüssiges Blei in sein Herz strömen*

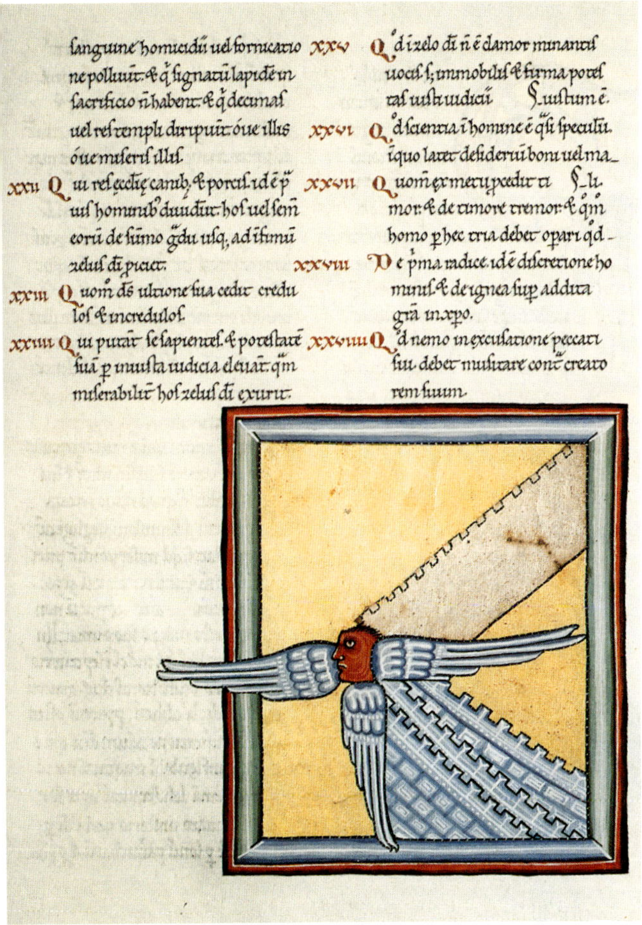

Tafel 26, Schau III,5
Der Liebeseifer Gottes

und es zu hartem Eisen erstarren läßt, d.h. zur Gottvergessenheit, ist der Eifer Gottes verzehrendes Feuer, Sturmwind, zweischneidiges Schwert, Blitz, Donner, eiserner Knüttel".

So wie es im Psalm 28 heißt: „Der Herr zerschmettert die Zedern des Libanon. Die Stimme des Herrn sprüht flammendes Feuer, ... sie reißt ganze Wälder kahl."

Der Eifer Gottes kämpft aber niemals gegen den Menschen, sondern für ihn gegen das Böse.

„Er zermalmt niemand, wie es im Vermögen seiner Kraft stünde, er hat keine drohende Stimme und macht kein Geschrei, sondern ist unbestechlich im gerechten Urteil", d.h. in angemessener Beurteilung menschlichen Handelns.

Aufmerksam und schweigend ist er dort anwesend, wo der Mensch vom Erkennen zum Handeln übergeht (d.h. vom Bilde her, wo die leuchtende Mauer auf die steinerne trifft). Er sitzt also an der tiefsten Wurzel der menschlichen Person.

Mit seiner ganzen Kraft treibt er zum Guten an. Wenn der Mensch sich aber dennoch zum Bösen wendet, übergeht er den Eifer Gottes, der mit einem einzigen Schlag seiner Flügel die ganze Welt in Brand setzen könnte.

„Ich hörte dieses Haupt kein Wort sprechen", schreibt Hildegard. Denn Gott hofft und wartet im Menschen auf dessen Umkehr. Darum schlägt er nicht zu.

Wenn sich aber das Geschöpf dennoch dem Eifer Gottes versagt, indem es jede Umkehr von sich weist, dann setzt dieser sein Erbarmen mit der Schwachheit unseres Fleisches durch Prüfungen ein, welche die vom Menschen verstörte Natur hervorruft.

Diese und andere Leiden sind ein Ruf Gottes zur Heimkehr des Menschen.

Am Ort der Reinigung im Jenseits (Fegfeuer) geschieht der letzte Einsatz des Eifers Gottes zur Rettung des Menschen. Dort kann sich die Seele des Verstorbenen seinem verzehrenden Feuer aussetzen, um für den ewigen Dialog mit Gott endgültig ausgeglüht zu werden.

Bedenkt der Beschauer dieser Miniatur diesen Hintergrund, dann kann die Darstellung vom Eifer Gottes für ihn eine starke innere Anregung werden, und zwar gerade in ihrer Herbheit, die Eindeutigkeit vermittelt.

Die Mauer führt von Nord nach West, ist dreistufig und symbolisiert den Weg des Alten Bundesvolkes zum Offenbarwerden des Dreifaltigen Gottes, der Menschwerdung des Erlösers und zum Leben in der Kirche. Auch dieser Weg im Bauwerk des Heilsplanes Gottes ist durchwirkt, begleitet, gestützt und geschmückt von acht Virtutes-Gestalten.

Der untere Teil der Mauer ist arkadenartig mit Bogen versehen, in denen Menschengestalten sichtbar werden. Nach den Worten Hildegards stellen sie die geistlichen Führer des Bundesvolkes dar.

Nur eine Ellenlänge entfernt schließt sich die mittlere Mauer an und nur *„eine Kinderhand breit"* weiter die dritte Mauer. Beide sollen die Stände des Volkes Gottes bezeichnen.

Es folgt eine detaillierte Beschreibung der Virtutes-Gestalten, die im Menschen das Kommen des Erlösers vorbereiten sollen.

Die Figur in der Mitte der ersten Dreiergruppe trägt eine safrangelbe Krone, in die eine heranfliegende Taube die Worte bläst: *„Entfache immerdar die Glut ..."*

Sie nennt sich *„Enthaltsamkeit"* und sagt, daß sie auf allen Reichtum verzichtet, um den Bedürftigen in der Not zu helfen. *„Ich bin von herzlichem Erbarmen*

Tafel 27, Schau III,6
Die dreifache Mauer am Weg zum Heil

erfüllt." Das Erbarmen Gottes ist die Glut, die sie entfacht.

Zu ihrer Rechten steht die *„Hochherzigkeit"*, auf ihrer Brust ein Löwe, um ihren Hals eine Schlange. Sie spricht *„Ich schaue auf den leuchtenden Löwen (Christus), freigebig bin ich aus Liebe zu ihm. Die Feuerschlange fliehe ich, doch liebe ich die Schlange, die am Holz hängt."*

Die dritte Gestalt symbolisiert die *„Hingabe"*, auf ihrer Brust erscheint ein Engel. *„Ich bin Gefährtin der Engel; mit Menschen, die sich verstellen, verkehre ich nicht, ich halte Mahlzeit mit den Gerechten."*

Die mittlere der drei Gestalten am Ende der Mauer bedeutet die *„Wahrheit"*, eine Taube auf ihrer Schulter, ein unförmiger Mensch an ihrer Brust, unter ihren Füßen menschenähnliche Wesen die sie zertritt.

Sie sagt von sich: *„Eine Rute und Geißel will ich gegen den Lügner sein, der ein Sohn des Teufels ist. Niemals hat er Anteil an mir. Auf mir gründet und steht jegliches Bauwerk der Kräfte Gottes."*

Zur Rechten wird der *„Friede"* sichtbar mit engelhaftem Antlitz. *„Ich kämpfe wider den teuflischen Streit. Niemanden werde ich fürchten."*

Die sechste Gestalt ist die *„Heilszuversicht"*. Sie trägt ein Gefäß in Händen, aus dem sich eine Fülle von Licht ergießt … *„Selig bin ich, denn der Herr Jesus Christus macht mich schön."*

Im Bild herausgehoben sind zwei Gestalten: *„die Unterscheidung der Geister"* und *„die Erlösung der Seelen"*.

Die Unterscheidungskraft sitzt am Ende der Mauer auf einem Stein und bewegt ein Kreuz mit dem Bild Jesu Christi auf ihrer rechten Schulter hin und her, denn im Kreuz liegt die Spannbreite zwischen Gerechtigkeit und Erbarmen. *„Sie prüft jede Gerechtigkeit von Gott in sorgfältiger Prüfung, damit sie in allen Dingen entsprechend in den Herzen der Menschen wirkt."*

Zeichenhaft dafür sortiert sie in ihrem Schoß echte und unechte kleine Perlen. Wie mit einem Fächer vertreibt sie teuflische Überredungskunst. Ein Lichtbündel, das in ihren Schoß wie in ein Netz fällt, läßt sie aufleuchten. Oberhalb dieser Kraft der *„Unterscheidung der Geister"* steht auf der Mauer die *„Erlösung der Seelen"*. Hildegard sieht, wie sie ihren schwarzen Mantel und ihre Schuhe auszieht, ausschüttelt und dann wie ein neugeborenes Kind erstrahlt. Auf ihrer Brust wird das Kreuz Christi sichtbar, zu dem sich Lilien und Rosen hinranken.

Diese Tugendkraft spricht: *„Ich lege den Alten Bund ab und ziehe den Gottessohn mit seiner Gerechtigkeit an. Deshalb bin ich zum Guten erlöst."*

„Dann sah ich in der Westecke des gezeigten Gebäudes (des Heilswirkens Gottes) *eine wunderbare, geheimnisvolle und äußerst starke Säule von dunkelroter Farbe. Sie hatte an der Außenseite drei stahlfarbene Kanten, schneidend wie ein geschliffenes Schwert. Vor der einen Kante lag von ihr abgeschnittenes, trockenes Stroh, vor der anderen zerstreute Federchen, vor der dritten von ihr abgesägte, morsche Hölzer."*

Was will das besagen? Die Säule ist dunkelrot, weil der Sohn Gottes sein Blut für die menschlichen Sünder dahingab. Er brachte den rechten Glauben durch die Verehrung der Heiligen Dreifaltigkeit.

Diese durchdringt alle Höhen und Tiefen und beherrscht den ganzen Erdkreis.

„Höre und verstehe, o Mensch! Vater, Sohn und Hl. Geist wirken zusammen in der Einheit der unvermischten und unveränderlichen Wesenheit.

Der Vater erschafft nämlich alles durch das Wort, d. h. durch seinen Sohn im Heiligen Geist. Durch den Sohn wird alles im Vater und im Heiligen Geist vollendet.

Durch den Heiligen Geist grünt alles im Vater und im Sohn."

Nur den ungläubigen Herzen verbirgt sich die Heilige Dreifaltigkeit. Sie ist offensichtlich dem Widerspruch

aut acutas aures interiores intellectus
habet. hic in ardenti amore speculi
mei ad verba hec anhelet. et ea in
conscientia animi sui conscribat.
Explicit sexta visio tertie par
tis. Capitula septime visi
onis tertie partis.
I Quod ineffabilis trinitas in fine temporum
declarata simplici et humili
a fidelibus credenda et colenda
est. ne quis plus investigans quam
oportet. quia comprehendi non potest.
in deterius cadat.
II Quod in sanguine Xpi mundus sal
vatus est. et cultus sancte trinitatis
manifestissime declaratus est. ipsa
tamen nulli intellectui patet.
III Quod ineffabilis trinitas omni creatu
re aptissime in pio et potestate
apparet. exceptis incredulis cor
dibus. cuncta tamen velut incidens
gladius penetrat. § succidit.
IIII. Qui in xpiano populo catholice fidei
in ariditate infidelitatis adver
santibus hos divinitas infusione.
V Quod divinitas iactantiam iudaici
populi deicit.
VI Quod diabolicum scisma gentilis populi
a deo abscisum vadit in perdicionem.
VII Parabola ad eandem rem.
VIII Verba iohis ad eandem rem.
VIIII De differentia et unitate trium personarum.
X. De tribus similitudinibus ad trinitatem.
XI. Verba de libro regum ad eandem rem.

Tafel 28, Schau III,7
Die Säule der Dreieinigkeit

der Finsternis gegenübergestellt und ist für ihn wie eine scharfe Schneide.

So zerschneidet sie vertrocknetes Stroh, d.h. von ihr wird alles, was dem wahren Glauben entgegengesetzt und unbrauchbar ist, zerstreut.

Die zerzausten Federn symbolisieren die Pharisäer, d.h. alle, die versuchen, im Selbstvertrauen auf sich selbst zu bauen und hoch in den Himmel hinaufzusteigen. Sie werden weggeblasen.

Die morschen Hölzer sind ein Zeichen für die Gottlosen, die lieber den teuflischen Trugbildern folgen, als den göttlichen Geboten, denn sie sind von der Freude des Lebens abgeschnitten, es ist keine Lebenskraft in ihnen.

Mehrmals weist Hildegard in dieser Schau darauf hin, daß der Mensch sich nicht erkühnen darf, ein solch großes Geheimnis erforschen zu wollen.

„Die Gläubigen sollen einfältigen und demütigen Herzens an Gott als den Einen und Wahren in drei Personen glauben und ihn nicht verwegen erforschen, weil er nicht erfaßt werden kann.“

Deshalb o Mensch, umarme Gott so im Licht
deiner Lebenskraft, bevor die Stunde
der Läuterung deiner Werke kommt,
da alles offenbar und nichts übersehen wird.
Dann eilt die Zeit herbei, die nicht abgekürzt wird,
von der du nach deinem menschlichen
Empfinden insgeheim stammelst und
sagst: „Dieser Lebenswandel, von dem ich
ich nicht weiß, ob er zum Glück oder Unglück
führt, gefällt mir nicht."
Denn das menschliche Herz ist immer
im Zweifel, weil es, während es Gutes tut,
nicht weiß, ob es Gott gefällt oder nicht.
Und während es Böses begeht, fürchtet es für die
Heilung in der Vergebung.
Wer dies aber mit wachen Augen und
mit dröhnenden Ohren hört,
umarme diese geheimnisvollen Worte,
die mir, dem Lebendigen, entströmen.

Jenseits der Säule der Dreifaltigkeit steht eine weitere große Säule, die für Hildegard so umschattet schien, daß sie weder ihre Stärke noch ihre Höhe erkennen konnte.

Im Geheimnis des Schöpfers strahlt ein Morgenrot auf, das ihr als das Mysterium des fleischgewordenen Gottessohnes erklärt wird.

Innerhalb der Säule ist vom Fuß bis zur Spitze eine leiterartige Treppe sichtbar. Auf ihr steigen die göttlichen (Tugend-)kräfte auf und nieder, mit Steinen beladen, durch die der Bau des Heilswirkens Gottes mit den Menschen zusammen vollendet werden soll.

„Ich hörte den Leuchtenden, der auf dem Thron sitzt, sprechen: ‚Das sind die allerstärksten Werkleute Gottes.' "

„Im Eingeborenen Gottes steigen sie gleichsam durch seine Menschheit hinab und streben durch seine Gottheit nach oben. Sie steigen durch ihn zu den Herzen der Gläubigen hinunter, die sich für das rechte Tun öffnen, wie sich ein Arbeiter bückt, um einen Stein aufzuheben und zum Bau zu tragen. In ihm steigen sie mit den im Menschen vollbrachten Werken in großer Freude wieder hinauf, auf daß der Leib Christi in seinen gläubigen Gliedern aufs schnellste vollendet werde."

Unter den Tugendkräften, die in der Säule ans Werk gehen, fallen Hildegard sieben Gestalten besonders auf:

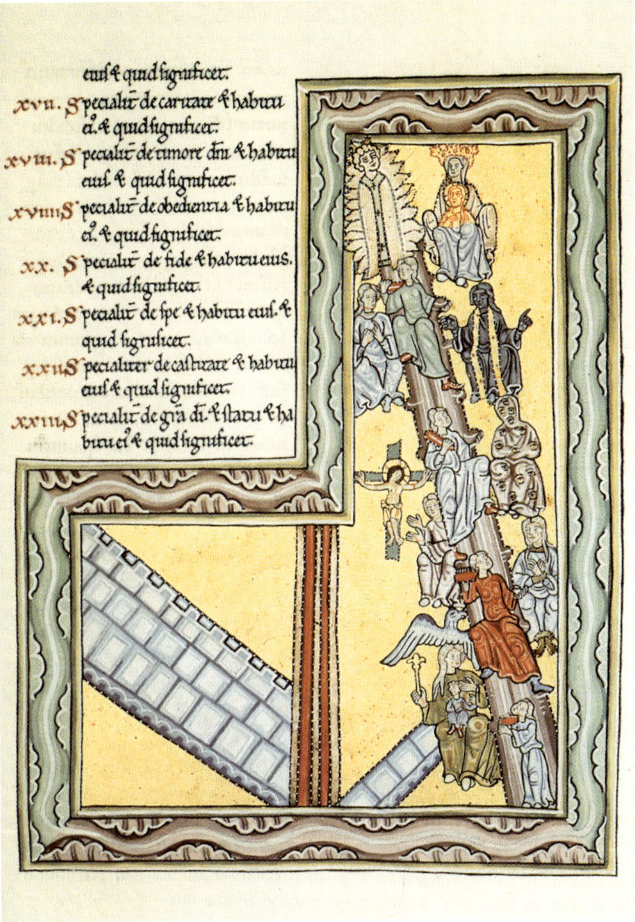

Tafel 29, Schau III,8
Die Säule der Menschheit des Erlösers

Die **Keuschheit** trägt das Herrschaftszepter über die verkehrte Lust. *„Ich habe den reinsten Quell durchschritten."*

In ganz besonderer Weise aber wendet sich die Schau Hildegards der schönen Gestalt mit männlichem Antlitz auf der Spitze der Säule zu. Sie trägt bischöfliche Kleidung und ist ganz in Licht gehüllt. Ihre zahlreichen Augen, die *„hierhin und dorthin wie Wolken ziehen"* und sich verteilen, sind die Augen der Barmherzigkeit Gottes. *„Sie symbolisieren das große Mitgefühl der Erbarmungen Gottes, welches auf die Schmerzen der Menschen blickt und sie zum Leben retten will."*

Die Gestalt ruft mit lauter Stimme:

*„Ich bin die **Gnade** Gottes!"*

Sie will die Menschen mit ihrer liebevollen Ermahnung berühren, damit sie beginnen, Gutes zu wirken. Sie erwärmt zuerst das Gute in der Seele des Menschen und gibt dem Willen dann das Werk zur Vollendung.

„Doch manchmal verschmäht mich der Mensch und meint, daß es ihm möglich ist, alles zu tun, was er will. Ich will ihn aber nicht im Stich lassen, denn er hat mich noch nicht gänzlich verachtet.

Ich ekle mich nicht, eitrige Wunden zu berühren, die vom Unrat der Laster bedeckt sind."

Die Gnade berührt immer und immer wieder diese Wunden, bis der Mensch in aufrichtiger Reue die Gnade erkennt. Dann vermählt sie sich sogar mit dem menschlichen Dreck, weil sie diesen reinigen will.

„Denn ich bin eine standfeste Säule, die den, der mich sucht, niemals verläßt. Wer sich mir verbindet, wird nie der Verwerfung anheimfallen. Wer mich aber vergißt und die Gnade Gottes für nichts erachtet, den will ich von mir werfen. Ich bin in seiner Seele wie ein Wirbelwind, während sich in ihm die Verzweiflung erhebt."

Die lange Rede der Gnade ist ein ergreifender Meditationstext.

Jenseits der Säule des Erlösers, der Steinmauer aufgesetzt, sieht Hildegard einen vom Licht durchfluteten Turm, der in seinem Bau noch nicht vollendet ist. Geschickt und schnell arbeiten Werkleute daran. An seiner Spitze sind sieben starke Schutzwehren errichtet (die sieben Gaben des Hl. Geistes). Eine Leiter ist bis an die Spitze des Turmes angelegt, auf ihren Sprossen steht eine Menge von Menschen mit strahlenden Gesichtern, die aufmerksam auf den Turm schauen.

An der Nordseite des Heilsbauwerks der Güte Gottes sieht Hildegard die Welt und die Menschen. Viele betreten das Gebäude und gehen dort umher. Alle werden mit blendendweißen Gewändern bekleidet, die einen freuen sich über diese angenehme Kleidung und behalten sie, anderen erscheint sie beschwerlich und sie werfen sie ab. Die starke Kraft der **„Erkenntnis Gottes“** beschwichtigt sie gütig und redet ihnen zu. So behalten es manche trotz der Beschwerlichkeit an. Einige aber spotten, ziehen es zornig aus und kehren zur Welt zurück.

„Sie erforschen viele Dinge und lernen viele unnütze weltliche Eitelkeiten.“

Einige kehren dennoch zurück.

Manche aber fallen rasend über den Turm der Kirche

Tafel 30, Schau III,9
Der Turm der Kirche

her und zischen gegen ihn wie Schlangen, *„denn sie suchen den Gegenstand ihres Verlangens nicht kraft der Gabe des Hl. Geistes"*.

Gegenüber dem Turm sieht Hildegard einen kleinen Tempel mit sieben weißen Marmorsäulen, sieben Ellen hoch. Sie tragen auf ihrer Spitze eine anmutige Galerie. Dort steht eine überaus schöne Gestalt mit einem strahlenden Reif. Sie schaut in die Welt. Es ist die Frau **Weisheit**, eine der Sophia-Gestalten in Hildegards Miniaturen.

Eine goldfarbene Tunika bekleidet sie, und kostbare Edelsteine sind ihr Schmuck.

Sie ruft den Menschen zu:

„Ihr Säumigen, warum kommt ihr nicht? Euch würde Hilfe zuteil, wenn ihr hinzutreten wolltet. Kaum fangt ihr an, den Weg Gottes zu laufen, da schreckt euch das Brummen von Mücken und Fliegen zurück. Laufen müßt ihr und eure Hilfe von Gott erhoffen."

Neben der Weisheit stehen drei weitere Gestalten auf dem Pflaster des Bauwerkes der Güte Gottes und wenden sich dem Erlöser und der Kirche zu:

Die **Gerechtigkeit** ragt so hoch empor, daß sie über das ganze Gebäude hinausschaut. Mit ihrem großen Haupt und dem klaren, durchdringenden Blick wendet sie sich zum Himmel und spricht:

„Wir wollen uns wirksam erheben, denn Luzifer ergießt seine Finsternis über die ganze Welt. Laßt uns Türme bauen und sie mit starken Schutzwehren befestigen. So sollen durch uns alle seine Listen zunichte gemacht werden."

Die **Stärke** erscheint bewaffnet: in der rechten Hand ein entblößtes Schwert, in der linken eine Lanze, mit der sie ein schreckliches Ungeheuer unter ihren Füßen durchbohrt und zertritt. Helm, Schild und Beinschienen symbolisieren die göttliche Lebenskraft, seine Gebote und die rechten Wege des Glaubens. Diese Gotteskraft will die schärfste Schneide im Kampf für das Gute sein.

„Denn im allmächtigen Gott kann mich, die Kirche, niemand brechen. Für die Schwachheit des Menschen aber bin ich eine ganz sichere Zuflucht und verleihe der Nachgiebigkeit eine scharfe Schneide zu ihrer Verteidigung. O gütiger, milder Gott, hilf den Zertretenen."

Am höchsten Punkt des Heilsgebäudes, dort, wo sich die leuchtende Mauer (Erkenntnis von Gut und Böse) – mit der Steinmauer (gute Werke) vereint, steht auf sieben weißen Marmorstufen der Thronsitz des Leuchtenden, des Menschensohnes, der sich als jugendlicher Mann zeigt. Er ist aber nur bis zur Hälfte sichtbar, sein übriger Leib ist dem Blick verhüllt, *„was nämlich bis zum Weltende in der Kirche geschehen wird, kann man weder sehen noch wissen. Denn das gewaltige Aufblitzen der Gotteskräfte, die vor dem Jüngsten Tag offenbar werden sollen, bleibt den Menschen noch verborgen."*

Der Menschensohn blickt in die Welt und ruft mit lauter Stimme: *„Ihr törichten Menschen, ihr welkt dahin. Nicht ein Auge wollt ihr öffnen um zu sehen, was ihr kraft meines Geistes vermögt."*

Die aufrüttelnde, lange Rede des Menschensohnes ist ein ergreifendes Zeugnis von Gottes Werben um sein Geschöpf und von der Größe des Menschen.

„O Mensch, du bist mir verantwortlich! Du sollst das Gute, das du von mir hast, lieben. Wenn du zu mir rufst, wirst du Antwort vernehmen. Und wenn du im Rufen verharrst, dann werde ich alles tun, was du begehrst und meine Wohnung in dir aufschlagen.

Doch wegen der Gebrechlichkeit des Fleisches bleibst

Tafel 31, Schau III,10
Der Menschensohn

du nicht ohne Kampf. Darin darfst du meine Leiden nachahmen. Dann aber will ich mit dir deine Schmerzen tragen. Solltest du fallen, so erhebe dich rasch, und ich werde dich aufnehmen und heilen."

Vor dem Thron des Menschensohnes stehen die letzten fünf der insgesamt 36 Gotteskräfte:

In der Mitte befindet sich *„die stärkste Säule"*, die **Beständigkeit**, auf ihrer Brust sind zwei Fenster, in denen sich der Glaube spiegelt, und auf die ein zum Sprung bereiter Hirsch seine Läufe stützt. So stellt er die Verbindung zur nächsten Tugend her, der **Sehnsucht nach dem Himmel**.

„Ich will wie der Hirsch über Berge und Hügel hinwegspringen und nur nach dem Quell des lebendigen Wassers Ausschau halten, denn er ist voll von Herrlichkeit."

Zur Linken befindet sich die Gestalt der **Herzenszerknirschung**. Sie schaut auf die erwähnten Fensterchen und spricht:

„Immer blicke ich auf das wahre Licht und kann mich nicht genug an Gott ersättigen."

Sie beweint ihre irdische Verbannung und strömt zugleich über vor Freude in Gott.

Die vierte Gestalt nennt sich *„ein Lobopfer"*. Es ist die **Vollkommenheit**. Unbeweglich steht diese Gotteskraft – nur zur Hälfte sichtbar – in einem schnell kreisenden Rad, liegt doch die Vollendung in der Spannungseinheit von ruhiger Festigkeit (Beständigkeit) und äußerster Dynamik (Sehnsucht). Diese Haltung ist je neu einzuüben, darum hält die Gestalt symbolisch einen kleinen grünenden Zweig in der Hand.

Die letzte der Gotteskräfte trägt zwei weiße Flügel, die in ihrer Spannweite die Größe der Gestalt übertreffen. Es ist die **Eintracht**. Sie liebt die Gemeinschaft mit den Engeln und kämpft gegen jegliche Spaltung, so eilt sie zur Schau des ewigen Friedens.

„Die Spannweite der Gotteskräfte erstreckt sich weiter als die Dauer des noch kommenden Menschengeschlechtes. Denn wenn die Welt das Ende gefunden hat, fliegt sie über die Himmel der Himmel hinaus und wird dann noch heller erscheinen. Dort wird alles Lichte und Frohe Bestand haben und aller Nebel der Bosheit ist verschwunden.“

Fünf wilde Tiergestalten, ein Hund, ein Löwe, ein Pferd, ein Schwein und ein grauer Wolf symbolisieren fünf schlimme Zeitalter, wenn die Erde dem Zerfall ihrer Kräfte entgegengeht.

Sie sind an fünf Gipfel eines Hügels gefesselt, der verschiedene Formen der Übermächtigung durch zügellose Begierden darstellt.

Zum Symbol des schwarzen Schweines erklärt Hildegard:

„Die führenden Menschen jener Zeit werden die tiefe Schwärze der Traurigkeit in sich tragen und sich im Unrat der Unzucht wälzen. Das göttliche Gesetz schieben sie auf die Seite."

Im Osten wird der „Menschensohn" erneut in einem Verbindungswinkel des Heilsgebäudes sichtbar. Zum Teil ist er noch von Schatten umhüllt, teilweise leuchtet er wie Morgenrot, d. h. vom Blut der Märtyrer, die im Glaubenszeugnis ihres Herzens und ihres Leibes Gott lobsingen. Darauf weist die Lyra auf dem Schoß des Menschensohnes hin.

Unten im Bild wird die Gestalt der Kirche (Schau II,3) nun in voller Größe sichtbar, doch noch vom Dunkel des Lasters und von den Leiden der Glaubenden (die blutigen Beine weisen darauf hin) gezeichnet.

Tafel 32, Schau III,11
Das Ende der Zeiten

Der Sohn des Verderbens erscheint wie ein zähnefletschendes, unförmiges schwarzes Haupt im Schoß der Frau. Fast könnte man an eine Nachäffung der Menschwerdung des Gottessohnes denken.

Der gefallene Lichtengel Luzifer hatte nach seinem Sturz angekündigt, er werde nun seinen Kampf gegen Gott über und durch den schwachen Menschen führen und vollenden.

„Ich will meine Herrschaft im Schoß der Frau errichten."

Erst nach der Zeit seiner zugespitzten Verführungskünste wird die Hand Gottes ihn mit lautem Getöse von seiner Stelle stürzen.

Eine gewaltige Kotmasse sammelt sich dann um sein Haupt, so daß es wie auf einen Berg erhöht erscheint.

Dort erst trifft ihn der endgültige Schlag Gottes. Er stürzt und haucht seinen Geist aus.

Die anwesenden Menschen aber sprechen:

„Weh uns! Was soll man denken? Was ist geschehen? Wer wird uns befreien, denn wir wissen nicht, wie wir hintergangen worden sind. O allmächtiger Gott, erbarme dich unser. Kehren wir eiligst zum Zeugnis des Evangeliums Christi zurück. Denn ach, bitter sind wir enttäuscht worden."

Höre also Ihn, der lebt und nicht
aus dem Weg geräumt werden kann:
Die Welt ist jetzt voller Ausschweifung,
später wird sie in Traurigkeit sein,
dann so sehr in Schrecken, daß die Menschen
sich nichts daraus machen,
getötet zu werden.
Bei all dem sind bald Zeiten der Ausgelassenheit,
bald der Zerknirschung, bald Zeiten,
wo es blitzt und donnert von allerlei Bosheiten.
Denn das Auge stiehlt, die Nase wittert,
der Mund tötet.
Vom Herzen aber geht Heilung aus,
wenn das Morgenrot wie der Glanz eines
ersten Aufgangs sichtbar wird.
Unsagbar ist, was dann in neuem Verlangen
und neuem Eifer folgt.

Am Ende der Zeiten werden alle Elemente und jegliches Geschöpf von einer durchdringenden Bewegung erschüttert. Ein gewaltiger Sturm der Weltenreinigung bricht aus. Alle Geschöpfe geraten in Aufruhr gegen den *„Rebellen"* Mensch, der sich gegen sie versündigt hat.

Feuer und Wasser brechen hervor, Berge und Wälder stürzen, alles Sterbliche haucht sein Leben aus.

Der Posaunenengel zu Füßen des Menschensohnes läßt seinen Ruf erschallen: *„Ihr Menschen, die ihr in der Erde liegt, steht auf."* Wie das Wasser das Salz wieder ausschwitzt, so gibt die Erde alle Kreatur her. Die Menschen erscheinen mit Leib und Seele in völliger Unversehrtheit des Leibes und des Geschlechtes. Je nach ihren Werken leuchten sie oder erscheinen schwarz.

In einer Wolke erscheint der Menschensohn wie ein Blitz – mit offenen Wunden. Engel begleiten ihn und tragen die Zeichen seines Leidens.

Dann vollzieht sich die Scheidung. Der Himmel lauscht wie gebannt, schweigend, auf den Richterspruch Gottes. Wie durch einen Wirbelwind werden die im Glauben Gesiegelten dem Richter entgegengeführt.

Jene aber, die sich im Unglauben verhärtet haben, erwarten mit bitteren Klagen den Ausgang und verhüllen ihre Gesichter. Satan ist endgültig gefesselt.

Tafel 33, Schau III,12
Der Tag der großen Offenbarung

Nachdem das Gericht vollzogen ist, entsteht eine große Ruhe. Die aufgepeitschten Elemente strahlen nun in heiterer Klarheit, so als wenn ihnen eine schwarze Haut abgezogen wäre. Die Luft ist rein und das Wasser klar. Die Erde kennt keine Gebrechlichkeit mehr. Alle Himmelskörper leuchten in voller Kraft und Schönheit. Sie stehen still ohne kreisende Bewegung, so daß sie keine Scheidung mehr zwischen Tag und Nacht bilden.

„Es ist nicht mehr Nacht, es ist Tag, das Ende ist gekommen.

Denn alles Hinfällige und Vergängliche vergeht und erscheint nicht wieder so wie Schnee, der von der Hitze der Sonne zerschmilzt.

So entstand auf göttliche Anordnung hin größte Ruhe und Stille."

In der himmlischen Herrlichkeit aber erklingen Lobgesänge auf den Dreifaltigen Gott, der mit Maria und Johannes dem Täufer das Bild beherrscht (mittleres und oberes Kreisbild.

Tafel 34, Schau III,12
Nach dem Gericht

Die „Vollendung" greift das Thema noch einmal auf. Unter dem „Vorsitz" Marias vereinigen sich alle zu einem einzigen Klangkörper: die Engel, die Apostel, Patriarchen und Propheten (Johannes der Täufer weist auf das Lamm), die Jungfrauen, die Bekenner und Martyrer.

Sooft der Allmächtige die Leiden, die Wunden der Erlösten berührt, erklingen sie wundersam zum Lob des geschlachteten Lammes.

Die Miniatur scheint in ihrer Komposition gleichsam mitzuschwingen in diesem Konzert.

Ohne müde zu werden, singen die Vollendeten immer wieder neue Lieder. Sie erscheinen von einer Lichtflut durchleuchtet, die aus dem geheimnisvollen Urgrund der Gottheit bricht.

„Viele verschiedene Wohnstätten unfaßbarer Freuden gibt es im Himmel.

Der menschlichen Gebrechlichkeit können sie nicht gezeigt und erklärt werden, weil sie über jede menschliche Einsicht hinausgehen und das Herz des Menschen überschreiten. Keinem Wesen, das mit einem Körper beschwert ist, kann dieses Geheimnis enthüllt und – sei es auch auf die kleinste Weise – eröffnet werden."

Tafel 35, Schau III,12
Vollendung

Miniaturen aus dem Lucca-Kodex
„De operatione Dei"
Welt und Mensch

Die Miniatur zeigt Gott, den Vater und Schöpfer, mit bärtigem Antlitz, die Welt überragend. *„An seiner Brust"* trägt er das gewaltige Schöpfungsrad, das von der Kraft der gottmenschlichen Liebe (Caritas), einer feurigen jugendlichen Gestalt, gehalten und gleichsam umarmt wird.

Diese gestaltgewordene Liebe sagt von sich: *„Ich, die höchste Feuerkraft, habe jeden Lebensfunken entzündet. Ich entscheide über die Wirklichkeit. Mit Weisheit habe ich das All recht geordnet." „Ich bin göttlichen Lebens, zünde hin über die Schönheit der Fluren, leuchte in den Gewässern und brenne in den Gestirnen. Ich bin das heile Leben. Alles hat seine Wurzel in mir."*

In der Mitte des Kosmosrades wird die kleine Kugel Erde sichtbar. Sechs Sphärenringe (entsprechend den sechs Schöpfungstagen) umkreisen sie: außen das helle Feuer Gottes, dann das schwarze Feuer, der blaue Äther, die wasserhaltige Luft, die weiße, starke Klarluft und die innerste Lufthülle.

Ein Windsystem von allen vier Himmelsrichtungen entsteigt symbolischen Tierköpfen. Von den Sternen gehen Strahlungen aus, die alle Elemente des Kosmos erfassen. Ein Lichtnetz breitet sich vom Mund der Gestalt der Liebe her aus und berührt und durchdringt alle

Tafel 4
Der Kosmosmensch

Bestandteile der Schöpfung. *„Alles antwortet einander, alles hält einander in einem von Spannung erfüllten Feld."* Das Weltenrad, das von Winden und Gegenwinden angetrieben wird, ist in kreisender Bewegung.

„Mitten im Weltenbau steht der Mensch, denn er ist bedeutender als alle Geschöpfe, die von der Weltstruktur abhängig bleiben. An Gestalt ist er zwar klein, an der Kraft seiner Seele aber gewaltig."

Er überragt die Erde weit und reicht bis an die Himmelssphären heran. Durch seinen Leib ist er in die gesamte Schöpfung eingeästet wie die Zweige in den Baum.

Und umgekehrt ist alle Kreatur in ihm angelegt, sozusagen in ihn „eingezeichnet".

Gott hat ihn als „Mit-Schöpfer" auf den Richterstuhl des Universums gesetzt und ihm das „Weltnetz" in die Hand gegeben. *„O Mensch, du bist mir verantwortlich."* Was nämlich der Mensch in seinem Herzen entscheidet und dann ins Werk setzt, das durchdringt und verändert das All, *„denn seine Seele erstreckt sich über den gesamten Erdkreis"*, geht doch von seinem Herzen „ein Weg" zu den elementaren Bausteinen des Universums.

Der Mensch kann seiner Umwelt durch die Kraft Gottes und seine persönliche Entscheidung schöpferisch

Leben und Fortentwicklung vermitteln, so daß sie im umfassenden Sinn des Wortes aufblüht. Er kann sie aber auch durch seine schlechten Taten ins Chaos stürzen. *„Er kann die Luft verpesten mit all diesem Weltgestank."*

Oft gibt Hildegard in ihren Werken der „wilden Klage" der Weltelemente Ausdruck: *„O Mensch, du einziger Rebell in der Schöpfung. Wir können nicht mehr die Bahnen laufen, die der Meister (Gott) uns gesetzt hat."* Die Elemente, die zum Dienst am Menschen geschaffen wurden, wenden sich dann widerspenstig gegen ihn durch Katastrophen aller Art.

Der Mensch ist also existentiell in die Verantwortung gerufen und genommen. Nur er kann durch sein unterscheidendes Wissen um das Gute und das Böse in freiem Entscheid die Welt und ihre Heilsgeschichte vollenden. Die Kraft zum rechten Tun aber muß er von Gott erbitten.

„Der Schöpfer hat die Gestirne, Wind, Luft, Erde, Feuer und Wasser um der Ehre des Menschen willen erschaffen und zu seinem Schutz. Einen anderen Halt hat der Mensch nicht. Ehrt er den Bestand der Welt nicht, dann gerät er in die Bedrohung durch die Dämonen und wird aus dem Schutz der Engel entlassen."

Dem beeindruckenden Ausschnitt der 8. Schau von Hildegards Kosmoswerk (Tafel 12) wird man nicht ganz gerecht werden, wenn nicht die Gesamtvision (Tafel 11) in den Blick kommt.

Hildegard schaut zum wiederholten Male die Stadt Gottes, das Bauwerk des Heilsplanes der Güte des Vaters, hier nun in einem festgefügten Quadrat. Darüber steht zwischen Himmel und Erde, in einen großen, runden Stein gefaßt, der Brunnen des Lebens, der durch zwei Öffnungen seine Wasser in die Stadt Gottes ergießt.

In ihm werden drei von Schönheit strahlende jugendliche Frauengestalten sichtbar, die aufmerksamen Blicks zum Himmel schauen, wo sich in einer Wolke die bereits vollendeten und verklärten Menschen zeigen.

Zwei der drei Gestalten stehen *„wie im Wasser verwurzelt"*, die dritte bleibt am Rand des Brunnens.

Diese Schau ist eine von Hildegards „Weisheitsvisionen". Die Frau Weisheit selbst bleibt hier zwar unsichtbar, sie zeigt sich nur in ihren drei Grundkräften der Liebe, der Demut und des Friedens.

„Die Weisheit schöpft und verteilt das Brunnenwasser des lebendigen Quells des Geistes Gottes nach gerechtem Maß an alle Menschen und alle Geschöpfe, Dinge und Werke." Alles, was ist, lebt von diesem Wasser.

Tafel 11
Der Brunnen des Lebens

Die symbolischen Gestalten der Liebe, der Demut und des Friedens steigen aus den tiefen Geheimnissen Gottes herab, um mit den Menschen das Werk ihrer Erlösung zu wirken.

Die Liebe sagt: *„Ich bin die Herrlichkeit des lebendigen Gottes. Die Weisheit hat in mir ihr Werk gewirkt, und die Demut, die im lebendigen Quell verwurzelt ist, bleibt meine Gehilfin. Ihr ist der Friede verbunden."*

Die Gestalt des Friedens erstrahlt in ihrem Antlitz so sehr von der Herrlichkeit Gottes, daß Hildegard davor zurückweicht. Sie steht auf dem Rand des Brunnens, weil Gott zwar den Frieden von oben her brachte, dieser aber in der Wirrsal der schwankenden Welt hart umkämpft und nur schwer gehalten wird.

„Die Demut hat sich in der Menschwerdung des Gottessohnes geoffenbart, die sich aus dem unversehrten Meeresstern (Maria) erhob." An anderer Stelle sagt sie von sich: *„Beim Niedrigsten habe ich begonnen und bin zum Höchsten gestiegen. Wen danach verlangt, mich als Mutter zu umarmen, der berühre das Fundament und steige gelassen zur Höhe empor."*

Durch die drei Gotteskräfte wirkt Gott in der Schwachheit des Menschen die Tugend, um Kirche und Welt zur Vollendung zu führen.

Tafel 12
Der Brunnen des Lebens

Wie schon zu Beginn ihres Kosmoswerkes schaut Hildegard das Symbol eines gewaltigen Rades, das diesmal einer *„blendend weißen Wolke gleicht"*. Mitten im Rad, auf seiner dunklen Achse, die die obere Hälfte von der unteren scheidet, sieht sie eine Frauengestalt, *„die mir eingangs als die Liebe genannt wurde. Ich sah sie jetzt aber in anderem Schmuck. Ihr Gesicht leuchtete wie die Sonne, ihre Kleider glänzten wie Purpur. Um den Hals trug sie ein goldenes Band, das mit kostbaren Edelsteinen geschmückt war." „Sie erscheint in der Gestalt eines Menschen, weil der Sohn Gottes sich mit Fleisch bekleidete, um den verlorenen Menschen durch die Liebe zu retten. Niemand vermag das Übermaß dieser Liebe in ihren Gaben zu erfassen."*

Das Rad als Zeichen für das Ganze verweist in seiner unteren Hälfte auf die Schöpfung im Symbol der vier Elemente Wasser, Feuer, Luft, Erde (links) und auf den Ablauf der Zeiten (rechtes Feld). Die obere Hälfte des Rades soll ein Hinweis auf die göttliche dreieinige Wirklichkeit sein. Gewiß darf man das rote Feld dem Sohn, das grüne dem Hl. Geist und das weiß-leuchtende dem Schöpfer und Vater zuordnen.

Die dunkle Achse trennt Irdisches vom Himmlischen.

Hildegard beschreibt und interpretiert dieses Bild mit wechselnden Perspektiven und oft recht unbestimmt.

Tafel 15
Die Liebe - Das Ende der Weltzeit

Darum ist es nicht leicht zu verstehen. Die Gestalt der Liebe in der Mitte des Rades ragt in den himmlischen und den irdischen Bereich. Als die Liebe oder auch die Weisheit Gottes will sie aber auch den in dieser Gotteskraft vollendeten Menschen darstellen, den Hildegard zu Anfang dieses ihres Werkes in der Mitte des Kosmosrades sieht. Darum trägt die Gestalt jetzt den reichen Schmuck der Tugendkräfte.

Auffallend ist das große Ohr, die aufgerissenen Augen, die auf die kristallene Tafel der Ordnungen Gottes schauen, sowie die zum Empfangen und zum Lehren erhobene rechte Hand. Eine prophetische Figur!

Im beschreibenden Text ist das Gewand der Weisheit purpurrot, d. h. *„überströmend von Barmherzigkeit"*. Im Bild erscheint es grün und würde damit auf die Schöpfung hinweisen.

Die gottmenschliche Weisheit (Liebe) sitzt in der Mitte auf der dunklen Achse, die den Willen Gottes für diese Welt darstellen soll. Immer, wenn sie auf die Weisungen Gottes schaut, gerät die Achse – und mit ihr die ganze Welt – in Bewegung, geschieht etwas, verändert sich etwas. Die Liebe bestimmt also den Ablauf der Heilsgeschichte, doch nicht ohne die Mitwirkung des

Tafel 16
Die Liebe - Das Ende der Weltzeit

Menschen, der sich in der Kraft der Liebe Gottes für das Gute entscheidet und damit Verantwortung für das Ganze wahrnimmt – „Mitschöpfer“ wird.

Es dürfte darum nicht abwegig sein, am Ende dieses großen Visionswerkes in dieser Gestalt auch Hildegard von Bingen selbst zu sehen: schauend, horchend, lehrend, die Wege Gottes weisend. Sie selbst schreibt von sich am Ende des Werkes, daß *„sie unter der Inspiration des Hl. Geistes ganz in Dienst genommen ist“*. Zu diesem Dienst mußte Gottes Macht und Güte sie immer wieder aus aller menschlichen Armseligkeit, Gebrechlichkeit und inneren Unsicherheit erwecken – wie eine Feder, die nur im Windhauch zu Gott fliegen kann.